轨道装备类校企“双元”合作开发教材

# 动车组粘接工艺与标准

魏培欣　陈　益　主编

中国铁道出版社有限公司

2022年·北　京

## 内容简介

本书为轨道装备类校企“双元”合作开发教材之一，根据粘接技术在轨道交通动车组内装饰中的应用而编写。全书共分两个模块。模块A为基础知识，主要内容有：粘接技术概述、粘接机理及其理论、常用胶黏剂、粘接设备管理与维护、动车组粘接工艺、粘接质量的检测和控制、粘接技术的安全与防护。模块B为能力提升，主要内容有：动车组客室车窗的粘接、司机室前挡玻璃的粘接、地板布的粘接、防寒材的粘接、橡胶座的粘接、零部件的粘接、门边型材的密封、司机室车体连接的密封、螺纹类零件的锁固与密封、其他部件与部位的粘接及密封。

本书可作为高等职业院校轨道装备类高速动车组制造与维护专业核心课程教材，也可作为相关岗位技术人员培训教材。

**图书在版编目(CIP)数据**

动车组粘接工艺与标准/魏培欣，陈益主编. —北京：中国铁道出版社有限公司，2022.2

轨道装备类校企“双元”合作开发教材

ISBN 978-7-113-28083-3

Ⅰ.①动… Ⅱ.①魏… ②陈… Ⅲ.①机车车辆-粘接-教材 Ⅳ.①U26

中国版本图书馆CIP数据核字(2021)第122378号

**书　　名：动车组粘接工艺与标准**
**作　　者：**魏培欣　陈　益

---

**责任编辑：**亢丽君　　**编辑部电话：**(010)51873205　　**电子邮箱：**1728656740@qq.com
**封面设计：**曾　程
**责任校对：**孙　玫
**责任印制：**高春晓

---

**出版发行：**中国铁道出版社有限公司(100054，北京市西城区右安门西街8号)
**网　　址：**http://www.tdpress.com
**印　　刷：**北京建宏印刷有限公司
**版　　次：**2022年2月第1版　2022年2月第1次印刷
**开　　本：**787 mm×1 092 mm 1/16　**印张：**9.25　**字数：**225千
**书　　号：**ISBN 978-7-113-28083-3
**定　　价：**48.00元

---

# 前　言

随着我国产业转型升级、制造强国建设等国家战略的深入推进，为全面发展高质量职业教育，我国大力推动实施《国家职业教育改革实施方案》，提出要深化教材改革，促进校企“双元”育人。采用校企联合开发教材的模式，将行业及企业新技术、新工艺、新规范纳入教材，是职业教育适应技术进步和产业升级的重要举措。

2021 年 3 月，教育部印发《职业教育专业目录(2021 年)》，新增“高速铁路动车组制造与维护”与“城市轨道交通车辆制造与维护”两个高职专业。中国中车集团有限公司作为国家产教融合型企业、国家高端装备制造业的排头兵，积极发挥职业教育重要主体作用，结合这两个专业人才培养目标和毕业生就业岗位需求，组织多名集团级首席、资深技术、技能专家和院校教师联合开发了六本轨道交通装备制造系列教材。

本书采用“项目任务式驱动”模式构建内容体系，充分吸收企业新型生产技术，将动车组粘接工艺与标准的关键知识与技能分解到各个项目模块中，重在培养学生的实践能力，帮助学生养成必要的职业规范，并通过多元评价方式对学生所学知识和技能进行立体化综合考核。全书采用国家行业最新标准编写。

本书作为“高速铁路动车组制造与维护”专业的核心课程教材，全面阐述、解析了动车组粘接的最新工艺和标准，内容包括基础知识和能力提升两个部分。基础知识部分由粘接机理及理论、常用的胶黏剂及其选择、粘接工艺、粘接质量的检测和控制、粘接设备管理与维护、粘接技术的安全与防护等内容组成；能力提升部分以动车组主要部位粘接技术的应用实例为主，由动车组司机室挡风玻璃的粘接、地板布的粘接、客室车窗的粘接、防寒材的粘接、门边型材的粘接等十个项目组成。

本书既可作为中等职业学校、高等职业院校及其职业本科学校的轨道装备类相关专业教学用书，也可作为相关行业领域各类职业培训教材，或供其他相关院校教学人员、企业内训师及技术人员参考。

本书按照“校企双主编”联合开发的原则，由中车南京浦镇车辆有限公司高级工程师魏培欣、常州铁道高等职业技术学校副教授陈益担任主编。参加本书编写的还有中车南京浦镇车辆有限公司戴惠新、卞志山、杨晓云、王启鑫，常州铁道高等职业技术学校李娟。

本书在编写过程中得到中国中车集团有限公司人力资源中心、中车南京浦镇车辆有限公司人力资源部等单位和部门同志的大力支持，在此对各位同仁表示由衷的感谢。

由于编者水平有限，书中疏漏及其他不足之处，恳请读者批评指正。

编者

2021 年 5 月

# 目　　录

## 模块 A　基础知识

## 模块 B 能力提升

# 模块 A

## 基础知识

# 知识点1　粘接技术概述

学习目标

1. 掌握粘接技术的定义。
2. 掌握粘接技术在各个领域中的功能体现。
3. 清楚粘接技术的优缺点。
4. 了解粘接技术的发展历程。

相关知识

## 1.1　粘接技术及发展概况

1. 粘接技术

粘接是以适宜的胶黏剂，采用适当的接头形式和合理的粘接工艺，将材质、形状、大小、厚度以及硬度相同或不同的两个或多个构件（或材料），接合成一个连续、牢固、稳定的整体的一种连接方法。粘接也叫胶接、胶黏、黏合等。

（1）粘接技术是一门古老而又年轻的技术

粘接技术是随着人类生产劳动的开始而产生，并随着科学技术的进步而发展。在数千年前，人类就已将动物的皮、筋、骨等熬制成骨胶、皮胶，用于粘接木材、制造家具和武器；将黏土、石灰、淀粉、血粉等用水调和后，粘接石、木、砖、瓦结构。直到20世纪初，随着各类合成树脂的出现，使粘接性能大大提高，粘接技术才得到快速发展，并进入到一个崭新的发展时代。

（2）粘接技术是一门应用广泛的技术

从家庭到国民经济各个部门，从日常用品到顶尖技术，从制造业到维修行业，无不渗透着粘接技术的踪迹，并发挥了其巨大的作用和取得了显著的经济效益。当今粘接技术已成为一种不可缺少的技术，胶黏剂也成为一种不可缺少的材料。

（3）粘接技术是一门以多学科为基础的技术

现代的粘接技术是以高分子化学、有机化学、胶体化学、材料力学、表面工程学等多种学科为基础发展起来的，形成了粘接技术的自身体系。它包含有粘接理论、胶黏剂的研制、粘接工艺及装备、胶黏剂和粘接接头的性能测试等主要部分，已发展成为一门既有广泛实践又有理论指导的新技术。

2. 粘接技术的发展概况

随着高分子化学的快速发展与合成材料的大量出现，在20世纪30年代之后，出现了新型的合成胶黏剂，它比天然胶黏剂的类型多、具有更强的粘接性、更好的耐久性和更广的适用性。20世纪40年代初期，金属粘接结构的出现，使古老的粘接技术进入了一个崭新的时代，粘接技术也作为一门新的边缘学科独立起来。20世纪80年代以来胶黏剂和粘接技术有了显著的发展，新的性能优异的胶黏剂越来越多，粘接技术的应用也越来越广。

我国是人类历史上使用胶黏剂最早的国家之一。但我国真正有规模生产用来制作合成材料不多，进入20世纪90年代以来，我国胶黏剂有了突飞猛进的发展，现已具有年产量900万t以上的能力。不少胶黏剂在性能上已接近或超过国外同类产品，而其价格较进口产品低。

综观近年来国内外胶黏剂的发展，其特点是品种增多、性能提高、用量扩大、产值增加。各国都在努力开发新品种、开拓新用途，以更好的性能达到更强的适用性。

3. 粘接技术的发展趋势

粘接技术向自动化、高速化、连续化发展；加速开发固化速度快以及功能性强的胶黏剂新品种；研究和推广光固化新技术；研制粘接工艺简便，能粘接表面稍带油污及锈蚀金属材料的高强度胶黏剂；在胶黏剂的形态上，从有机溶剂型体系向水溶剂型体系发展，从溶剂型向无溶剂型发展，从双组反应型向单一液型发展，从液态向固态发展；建筑用胶黏剂要解决耐热性和阻燃性问题。

## 1.2 粘接技术的主要应用

粘接技术的应用极其广泛，主要体现在以下几个方面。

1. 结构粘接

结构粘接主要是指对那些受力比较大、粘接强度要求较高，并在使用条件下长期保持其性能的零、部件的粘接。

在制造业方面，如飞机复合蜂窝结构件的粘接，飞机机翼、机身蒙皮的粘接等。轨道交通制造业车辆内装中铝蜂窝的粘接、间壁板面的粘接和加强筋的粘接等。航天工业中卫星铝合金结构的制造及其在部件上的粘接等。

在修理方面，粘接技术也得到广泛应用，特别是对那些大型断裂零件(如各种设备的立柱、机身、壳体等)的修复，其功效更为突出。

2. 表面粘涂

表面粘涂是将特种功能的胶黏剂，直接粘涂在零件表面上，使零件具有某特种功能的表面层。

实践证明，机器运转与相对滑动的零件表面粘涂的耐磨层可获得比原材料更高的耐磨性。如机床导轨、液压油缸内的划伤、磨损的粘涂修复层、轴类零件轴颈表面磨损的粘涂修复层等。可获得良好的抗磨损性能，满足了使用的要求。

3. 密封与锁固

密封与锁固是机器、设备性能上的要求，密封就是不渗漏，锁固就是不松动、不脱离。粘接技术的这一功能，能取得事半功倍的效果。因此得到迅速和广泛的应用。如轨道车辆制造中门边型材的密封、司机室车体连接的密封、螺纹类零件的锁固和密封等。航天航空工业中的嵌缝密封。机械工业与化工工业中的三管、三箱、三罐及其接头的密封与堵漏等。汽车工业中的螺纹、法兰盘、汽缸盖的密封等。

4. 带压堵漏

带压堵漏(又称不停车堵漏)是在不影响生产正常进行的条件下,对带有压力、温度等泄漏部位加装专用设备,利用密封部位和专用设备之间形成的腔室,采用专用的高压注胶工具将胶注入腔室,并充满整个腔室空间,使胶的挤压力与泄漏介质的压力相平衡,建立一个新的密封结构来堵塞泄漏孔隙各通道,阻塞介质的外泄。

带压堵漏的优点:

(1)不需要停机或对系统进行隔离。

(2)不需要对系统进行泄压。

(3)节省大量的能源与人力。

(4)大大减少了因设备隔离或停机带来的电量损失。

(5)减少了社会经济损失。

带压堵漏是20世纪70年代发展起来的先进技术。采用粘补堵漏是一个比较理想的方法。所以广泛应用于石油、化工、钢铁、核电站等部门的设备、管道阀门、法兰、螺纹接头、管道接头及焊缝等的带压堵漏修复。

目前,带压堵漏用的胶黏剂品种不少,可适用于300多种工艺介质的要求。适用系统压力可达30 MPa以上,适用温度范围为−200～600 ℃。

5. 组合粘接

粘接与点焊可组成粘焊复合技术。如金属板的搭接,先用胶黏剂进行粘接,然后用点焊机或缝焊机进行点焊。两点焊间应有适当的距离。用该方法制作的构件,在强度、耐疲劳、寿命、耐腐蚀与密封性等方面与电阻焊相比都有所提高;与铆接和机械紧固相比,成本有所下降,质量大幅度减轻。

粘涂与电刷镀技术可组成粘涂-电刷镀复合技术。在机械零件修复中,经常遇到磨损与划伤,当磨损较小,划伤深度较浅时,可单独用电刷镀技术修复。若磨损尺寸或划伤深度较大,可采用粘涂-电刷镀修复技术。在采用各种不同的导电胶黏剂粘涂后,再进行电刷镀。

## 1.3 粘接技术的特点

现代粘接技术是一项新工艺、新技术,它能部分代替焊接、铆接和螺纹连接,将金属、非金属构件牢固地连接在一起,并能达到较高的强度要求。其主要特点如下。

1. 粘接技术优点

(1)受力面积大,应力分布均匀,可获得质量轻、强度大、装配简单的构件。如铝合金和钢的复合梁;铝合金与铜合金的复合结构;飞机制造中蜂窝夹层结构和其他夹层结构。粘接还可以避免局部应力集中,延长使用寿命。

(2)可以连接任何材质、形状、厚度、大小的同种或异种材料。如钢与铝、金属与玻璃、陶瓷、塑料、木材或织物之间的连接。特别适宜连接异型、异质、复杂、微小、硬脆或热敏制件。如蜂窝结构中,某些材料的连接用其他方法非常困难,但用粘接却能很好地解决。

(3)接头形成的热量小,没有焊接引起的翘曲变形、组织改变、硬度降低以及残余应力等问题。因此不会降低金属构件的强度。

(4)通过交叉粘接能使各向异性材料的强度—质量比及尺寸的稳定性得到改善。例如木材材质不均且对水敏感,可经粘接变成不翘曲且耐水的层压板。

(5)有隔热和电绝缘及减振性能,如电容器、印制电路板、电动机、电阻器等的黏合面,具有电绝缘性能。

(6)剪切、疲劳强度较高,相同面积的接头,粘接的剪切强度比铆接和焊接提高 40%~100%,疲劳强度提高 5~6 倍。

(7)密封性能良好,可以减少密封结构,提高产品结构内部的器件耐介质性能。粘接接头对各种环境可以具有密封性和防腐、隔热、抗湿、吸振或减振等多重功能。

(8)能够进行特殊条件下的连接。如水下粘接;化工设备高压、高温、不停车堵漏;石油管线的带压粘接等。

(9)耐腐蚀性能好,如不同金属粘接,可减少或阻止电化学腐蚀。

(10)粘接接头表面光滑,气动性能良好,特别适于飞机、火箭等高速运载工具的制造。

(11)设备、工艺相对简单,工件的加工精度要求不高,操作容易。

(12)粘接可一次完成,不需要校正、精加工等后处理,能够节省能源、缩短工期、减少费用,提高效率和经济效益。

2. 粘接技术的不足之处

(1)粘接质量容易受各种因素的影响。胶黏剂固化达到操作强度需要几秒到数小时不等。

(2)粘接接头的耐热性不高(一般 150 ℃,最高 500 ℃),胶黏剂温度适用范围限制大。

(3)粘接的力学性能和耐老化性能的研究与金属材料相比还十分不成熟。粘接接头的使用寿命受所处环境的影响较大。

(4)目前无损检测还不成熟,还缺乏非常有效的无损检测粘接质量的方法,粘接的可靠性还比较差,一般都是进行破坏性试验,周期性长,浪费试件、时间和资金。

(5)粘接物需要进行表面处理,粘接工艺要求严格。

(6)储存期短。

(7)粘接件大部分情况下都无法拆开。

此外,要获得耐久的粘接接头,必须经严格的表面处理,要经常使用腐蚀性的化学药品,特别是清洁处理用的溶剂和溶剂型胶黏剂存在着影响健康和环保等问题。

## 小　结

1. 粘接是以适宜的胶黏剂,采用适当的接头形式和合理的粘接工艺,将材质、形状、大小、厚度以及硬度相同或不同的两个或多个构件(或材料),接合成一个连续、牢固、稳定的整体的一种连接方法。

2. 粘接技术的主要功能包括:结构粘接、表面粘涂、密封与锁固、带压堵漏、组合粘接。

3. 粘接技术的特点:(1)优点:受力面积大;可以连接的材料类型多;接头形成的热量小;有隔热和电绝缘及减振性能;剪切、疲劳强度较高;密封性能良好;耐腐蚀性能好;气动性能良好;操作容易。(2)不足之处:粘接层的抗剥离强度、不均匀扯离强度和冲击强度较低;粘接接头的耐热性不高(一般 150 ℃,最高 500 ℃);耐老化性能较差;质量检测较难。

## 思考与练习

**一、填空题**

1. ________是将特种功能的胶黏剂，直接粘涂在零件表面上，使零件具有某特种功能的表面层。

2. ________是在不影响生产正常进行的条件下，采用专用的高压注胶工具将胶注入腔室，来堵塞泄漏孔隙各通道，阻塞介质的外泄。

3. 在机械零件修复中，当磨损较小，划伤深度较浅时，可使用______________修复。若磨损尺寸或划伤深度较大，可采用______________修复技术。

4. 粘接质量的检测，一般都是采用____________。

5. 粘接接头对各种环境具有______和______、______、______、吸振或减振等功用。

**二、思考题**

1. 什么是粘接技术？

2. 金属粘接技术的主要功能有哪些？

3. 何为带压堵漏？有何优势所在？主要有哪些应用？

4. 粘接技术有哪些特点？

# 知识点2　粘接机理及其理论

## 学习目标

1. 掌握粘接产生的条件。
2. 了解粘接界面形成的机理。
3. 掌握粘接理论的几种类型及其相关的特点。

## 相关知识

### 2.1　粘接机理

1. 粘接产生的条件

粘接发生在固体接触界面间，粘接时，胶黏剂呈液态，在被粘固体表面间作用，直接关系到粘接接头的质量。胶黏剂施胶过程中应能充分均匀地扩展到被粘固体表面，能去除并取代固体表面的空气或其他附着物，最终实现分子间的紧密结合。

2. 粘接界面形成的机理

为了能将两个物体牢固地粘接在一起，首先要保证整个表面接触良好，即被粘物表面必须能被胶液充分地润湿，其次胶黏剂与被粘物之间要有足够的黏结力。

粘接过程是一个复杂的过程。黏结力的产生及其大小，受很多因素，如胶黏剂的化学结构、组成，被粘物表面的结构和状态，粘接工艺条件等的影响。研究粘接机理的目的在于揭示粘接现象的本质，探索胶黏剂的结构，被粘物的表面状态，以及粘接工艺的内在规律，从而促进高性能的新型胶黏剂的研发及粘接技术的进一步提高。

3. 被粘固体表面的特征

界面存在于物质晶体中原子或分子的周期性排列发生大面积突然终止的地方，如粘接过程中的固体—液体的界面，常把这种界面称为固体的表面。粘接的对象都是固体，粘接作用仅发生在固体表层，都属于界面现象。因此，了解固体的表面特征极为重要。被粘固体的表面特征主要体现在以下几个方面。

(1)复杂性

任何固体表面层的性质与它的内部完全不同，经过长时间暴露后，其差异性更为明显。由于固体表面吸附有气体、氧化物、油脂、灰尘等污染物，表面很不洁净，也很复杂。

(2)粗糙性

宏观上平整光滑的表面，在微观上都是非常粗糙的，凹凸不平，似峰谷交错。两固体表面的接触，实际上是高峰点的接触，其接触面积仅为几何面积的1%。

(3)高能性

表面能是创造物质表面时对分子间化学键破坏的度量。固体表面结构不均匀,处于表面凸出部分的高峰棱角或台阶处的原子或分子的力场不均衡,这些部位具有更高的能量。因此,固体的表面能量高于物质内部的能量。

(4)吸附性

吸附是固体表面最重要的性质之一,由于固体表面的能量高于内部的能量,为使其稳定,必然会吸附一些物质,这就表现出吸附性,如此,即使新制备的表面,也很难保持绝对的清洁度。

(5)多孔性

固体表面布满了大小不同的孔隙,有些材料的基体本身就是多孔的,表面也是多孔的。即使基体本身是密实的材料,因摩擦、氧化、腐蚀等作用也会形成多孔表面。

(6)缺陷性

由于材料形成条件的影响和变化,表面存在大量的微观裂纹等缺陷。例如,经过不同加工过程形成的表面,因机械作用,往往导致材料的晶格扭歪、晶界开裂;或因为表层材料变形导致表层密度和体积发生变化,从而在表层的塑性变形层中产生残余应力,甚至产生微裂纹等。

## 2.2 粘接主要理论

粘接主要是通过粘接界面产生的黏结力来实现的,为了能够从理论上指导粘接实践,提出了各种理论,现将主要的粘接理论介绍如下。

1. 粘接理论

(1)吸附理论

吸附是指在固相一气相、固相一液相、固相一固相、液相一气相、液相一液相等体系中,某个相的物质密度或溶于该相的物质浓度在界面上发生改变的现象。固体对胶黏剂的吸附理论就是胶接的吸附理论。吸附理论着重强调黏结力与胶黏剂极性的关系,黏结力的主要来源是粘接体系的分子作用力,即范德化引力和氢键力。

吸附理论认为:黏结力的主要来源是粘接体系的分子作用力,是胶黏剂分子与被粘物分子在界面上相互吸附所产生的,是物理吸附和化学吸附共同作用的结果。吸附理论将粘接过程划分为两个阶段:第一阶段为胶黏剂分子通过布朗运动向被粘物表面移动扩散,使二者的极性基团或分子链段相互靠近,在此过程中,可以通过升温、降低胶黏剂的黏度和施加接触压力等方法来加快布朗运动的进行;第二阶段是由吸引力产生的,当胶黏剂与被粘物分子间距达到10 A(1 A=$10^{-10}$ m)时,便产生分子之间的作用力,即范德华力,使胶黏剂与被粘物结合得更加紧密。

黏结力的主要来源是粘接体系的分子间作用力。胶黏剂使被粘物表面的黏结力与吸附力之间存在着某种共同的规律性。实际上,范德华力包括由分子的永久偶极产生的取向力、诱导偶极产生的诱导力和电子相互作用产生的色散力。有机物中物质的内聚力约80%来自色散力。带有偶极的极性分子或基团之间正负电荷相互吸引的作用力称为偶极力。极性分子的偶极和非极性分子的诱导偶极之间同样存在正、负电荷的相互吸引,这种作用力称为诱导偶极力。而氢键作为一种由电负性的原子共有质子产生的特殊键,其键能比其他次价键力大得多,接近弱的化学键，因此，可把它包括在范德华力之内，视为一种特殊偶极力。

(2)机械结合理论

任何被粘物表面都是凹凸不平的，当液体的胶黏剂流入后，被粘物表面就会被填平。胶黏剂固化就会使被粘物表面互相咬合而连接。机械咬合力不是来自分子、原子间的力，是在粘接界面上存在的一种力。为了提高粘接接头的黏结力，粘接表面应该进行适当的表面粗化，使粘接表面具有一定的表面粗糙度。在粘接多孔性材料时，机械作用力尤为重要。

表面非常光滑的物体在微观状态下还是十分粗糙、遍布沟壑的，对于多孔性材料来讲，胶黏剂可以轻易地渗透到凹凸不平的沟痕或孔隙中去，部分置换出孔隙中的空气，胶黏剂与被粘物之间以弯曲的路径做紧密接触，固化之后的胶黏剂就像许多小钩子似的与被粘物连接在一起。剥离时，胶黏剂(或被粘物)发生塑性变形，从而提高粘接件的强度。

由于胶黏剂填充在被粘物的表面孔隙中，使得胶黏剂的分布不在同一个平面上，有些还形成“倒钩”，胶黏剂在与被粘物分离时会受到被粘物的阻碍，表现出“锁一匙”效应，类似于当一把钥匙插入锁孔中时，由于锁孔的物理性阻碍，将它从锁中脱出会较为困难。

图 A-2-1 是界面发生机械结合的示意图，界面的机械结合是通过增强基体和基体表面不平滑而产生的。如碳纤维的表面可以通过氧化处理的方式使其产生大量的凹陷或凸起以及褶皱，并增大表面积，由此产生的机械结合可以在碳纤维与胶黏剂之间形成一种稳定的界面结构，这也是聚合物基体复合材料重要的界面结合机理。这种类型界面发生机械结合的粘接材料，其强度一般在横向拉伸时并不高，但其纵向剪切强度可能达到很高的值，当然这取决于表面的粗糙程度。

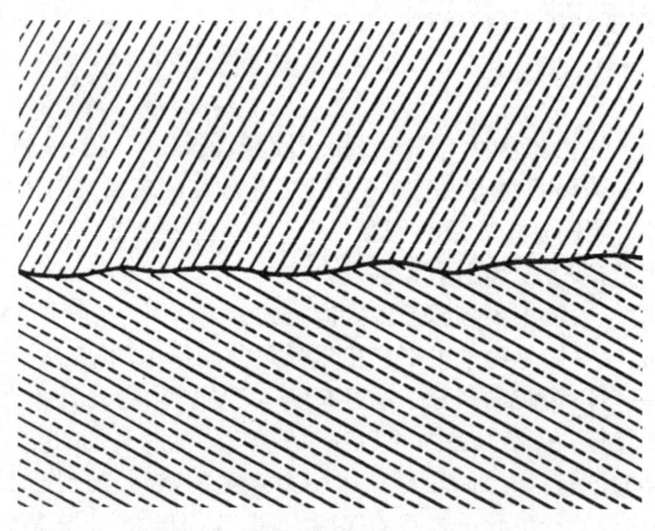

图 A-2-1　界面发生机械结合的示意图

(3)扩散理论

分子或链段的热运动产生了胶黏剂和被粘物分子之间的互相扩散，从而使两个物体的分子分别进入另一个物体的表层里，使胶黏剂和被粘物彼此渗透交换，相互溶解，中间的界面逐渐消失，相互交织，固化后牢固地结合。

高聚物的自黏附和相互间粘接，是界面上高聚物分子相互扩散所致，被粘物界面分子具有较高的运动活性和足够的相容性产生了相互扩散，形成了粘接接头的强度。在粘接体系中，适当降低胶黏剂的相对分子质量有助于提高扩散系数，改善粘接性能。如天然橡胶通过适当的塑炼降解，可显著提高其自黏性能。

聚合物的扩散作用不仅受其相对分子质量的影响，而且受其分子结构形态的影响，各种聚合物分子链排列的紧密程度不同，其扩散行为也显著不同。大分子内有空穴或分子间有孔洞者，扩散作用就比较强，天然橡胶有良好的自黏性，而乙丙橡胶自黏性差，就是由于前者具有空穴及孔洞结构而后者没有。

聚合物间的扩散作用还受到两聚合物的接触时间、粘接温度等因素的影响，两聚合物相互粘接时，粘接温度越高，时间越长，其扩散作用也越强，由扩散作用得到的黏结力就越高。

扩散理论能较好地解释塑料制品的粘接。许多塑料的粘接都是采用溶剂爆接，就是在两种被粘物间施加溶剂，然后使其粘接在一起。当溶剂存在时，塑料部件中的聚合物分子会相互扩散，随着溶剂的蒸发，相互扩散的塑料部件分子就被固定下来，使其粘接在一起。

图 A-2-2 中显示的是相互扩散的两种主要方式。图 A-2-2(a)所示的情况可能发生在粘接聚合物基体的复合材料中，大分子通过边界伸入对方区域并发生分子的相互编结，其结合强度取决于扩散的分子数、发生缠结的分子数和分子间的结合强度。同时，溶剂的存在可以促进相互扩散的作用。

另一种相互扩散的方式如图 A-2-2(b)所示，这是元素相互扩散的一种方式，常常发生在金属基和陶瓷基复合材料中，相互扩散促进了界面区元素之间的反应，对金属基复合材料，这种扩散并不一定是有利的，常会形成不希望出现的化合物。

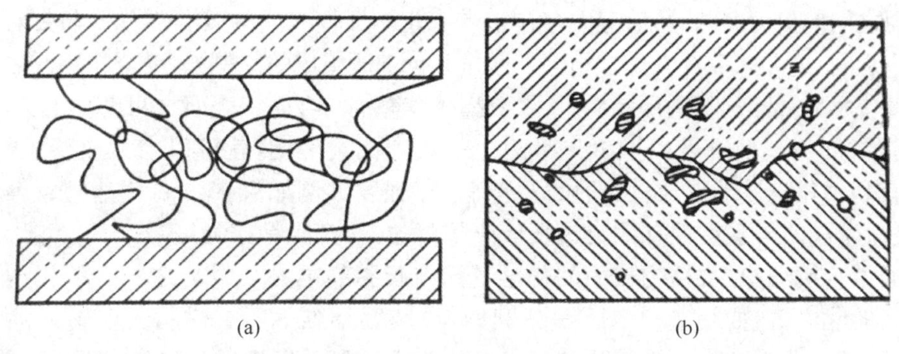

(a)　　(b)

图 A-2-2　扩散理论基本示意图

(4)静电理论

胶黏剂和被粘物之间存在双电层，由于静电的相互吸引而产生黏结力。

双电层静电理论认为当金属与非金属材料密切接触时，由于金属对电子的亲和力低，容易失去电子，而非金属对电子的亲和力高，容易得到电子，所以电子可以从金属移向非金属，这样就在界面产生接触电势，形成双电层，双电层电荷的性质相反，产生静电引力。一切具有电子供给体和接受体的物质都可以产生界面静电引力作用。

双电层是含有两种符号相反的空间电荷，形成的电场所产生的吸附作用有利于粘接。当胶黏剂—被粘物体系是一种电子的接受体—供给体的组合形式时，由于电子从供给体相(如金属)转移到接受体相(如聚合物)，在界面区两侧形成了双电层。由双电层产生的静电力是粘接强度存在的关键因素，称为电子理论。

静电理论的主要依据是试验测得剥离时所消耗的能量与按双电层模型计算出的黏附功相

符合。粘接接头以不同速度剥离时所测得的黏附功是不相同的，快速剥离的黏附功要高于慢速剥离的。由于表面电导的存在，慢速剥离可以使一部分电荷逸去而降低了异电荷间的吸引力，导致了剥离功的下降。而快速剥离时，由于电荷没有逸去的机会，异电荷间的吸引力增加而使剥离功偏高。

(5)化学键理论

胶黏剂中的化学活性基团与被粘物表面发生了化学反应，形成化学键，从而产生化学键力，使粘接强度提高。由于化学键的强度比分子间作用高得多，在粘接过程中希望尽可能多地形成化学键。实践证明，胶黏剂与被粘物表面可以形成化学键。例如，在橡胶硫化过程中，橡胶胶黏剂的分子可以通过硫原子与铜形成化学键等。在氧化铜－磷酸盐无机胶黏剂的粘接过程中，会产生离子键桥，使得粘接强度提高。

由于胶黏剂与被粘物表面发生化学反应，必须满足一定的量子化条件，这就造成难以在胶黏剂与被粘物表面的每个接触点上都形成化学键。

化学键力又称主价键力，存在于原子(或离子)之间，化学键理论认为:胶黏剂与被粘物表面产生化学反应而在界面上形成化学键结合，从而把两者牢固地连接起来。由于化学键要比分子间作用力高出 1～2 个数量级，如能在粘接界面产生化学键结合，则是较理想的粘接方式之一。但目前已知体系对于粘接界面都具有高度选择性，胶黏剂和粘接界面的化学键不能完全确保粘接界面具有较高的粘接强度。

化学键力包括离子键力、共价键力、配位键力。其中，离子键力往往存在于无机胶黏剂与无机材料表面之间的界面区内;共价键力存在于带有化学活性基团的胶黏剂分子与带有活性基团被粘物分子之间，绝大多数有机化合物都是通过共价键所组成的。例如，酚醛树脂与木材纤维之间就存在着化学键;酚醛树脂、环氧树脂、聚氨酯等胶黏剂与金属铝表面之间也有化学键结合。

若在胶黏剂与被粘物表面上事先吸附上一层表面处理剂，就可以大大改善胶黏剂的“润湿”情况，有利于化学键的形成，因而可以提高粘接强度。例如聚苯乙烯片基经氧等离子体处理之后，表面生成的含氧活性基团与铜反应生成配位键，产生粘接强度。

在界面结合机理中，被粘物表面的化学基团与胶黏剂中另一个与之相容的化学基团之间可以形成新的化学键，如图 A-2-3 所示。例如，在玻璃纤维—环氧树脂复合材料的制备过程中，硅烷交联剂水溶液中的硅烷基团与玻璃纤维表面的羟基发生反应，另一端的乙烯基与基体中的环氧基团发生反应，形成了纤维与基体之间的有效结合，促进碳纤维与不同聚合物树脂界面的有效结合。

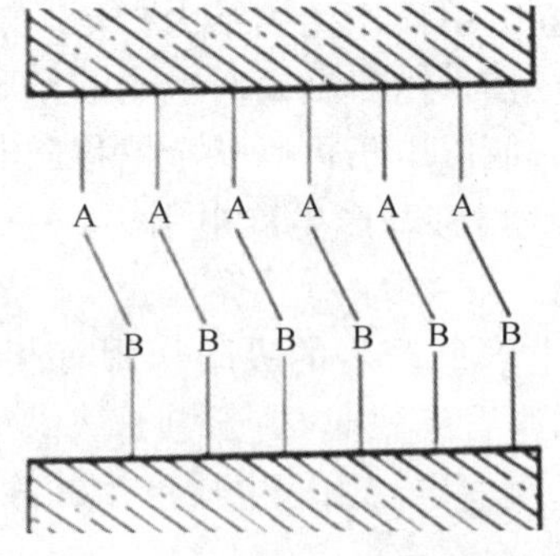

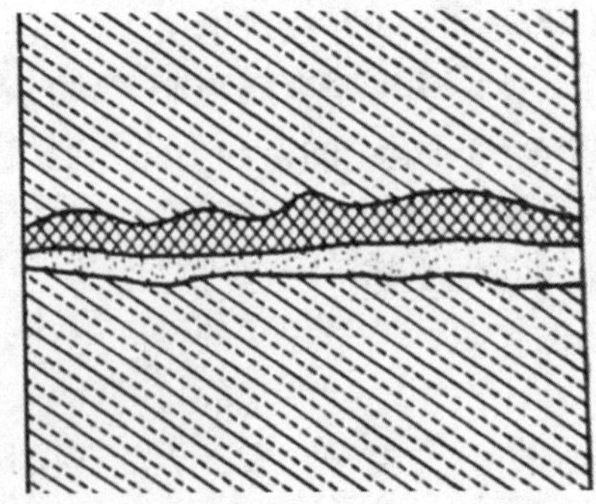

图 A-2-3　化学键结合示意图

粘接的过程一般分为两个阶段:第一阶段是液态胶黏剂分子借助布朗运动,向被粘物表面扩散并逐渐靠近被粘物表面的过程,压力作用或胶本身由于加温使黏度降低,都有利于胶黏剂分子及其链节与被粘物表面的接触;第二阶段是产生吸附作用的过程。当胶黏剂与被粘物表面的分子间间距接近 10 nm 时,次价力开始作用并随距离进一步减小而增至最大。这两个过程不能截然分开,在胶液固化前都在进行。促使胶黏剂与被粘物表面的分子接触是产生强粘接作用的关键,胶黏剂对被粘物表面的润湿则是使胶的分子扩散到表面并产生粘接作用的必要条件,良好的润湿表面和适当的粗糙度使胶黏剂与被粘物达到完全接触,才能获得最佳的粘接状态。

2. 影响粘接强度的因素

粘接强度是指在外力作用下,使胶黏剂与被粘物表面或其邻近处发生破坏所需要的应力,粘接强度又称为胶接强度。在实际应用中,影响粘接强度的因素比较多,如胶黏剂的性能、被粘物的表面状况、粘接体系的内应力、胶层的厚度、使用环境条件的影响、粘接接头的形式与粘接尺寸等,主要的影响因素如下。

(1)胶黏剂的性能

胶黏剂的性能不仅决定胶黏剂自身的内聚力,即胶层的强度,而且还影响到其与被粘物的黏结力。

①胶黏剂的浸润性

浸润是粘接的基本条件,只有当胶黏剂有良好的浸润性时,才能很好地涂敷在被粘物的表面上,得到充分的接触,避免造成空隙、缺胶和气泡,保证黏附作用与黏结力的产生。

当胶黏剂的表面张力小于被粘物的表面张力,就会产生完全浸润。因此,胶黏剂的表面张力越小越好。有机胶黏剂的表面张力比金属和某些非金属氧化物的表面张力小得多,而聚四氟乙烯和聚乙烯的表面张力亦很小,故有机胶黏剂易于粘接金属,而不易于粘接聚四氟乙烯和聚乙烯。

胶黏剂主要成分黏料(又称基料)的相对分子质量越小,黏度越小,浸润性与黏结力越强,但胶层的内聚力低,胶层本身强度小;如果黏料的相对分子质量越大则相反。为了获得高的粘接强度,一般取中等相对分子质量的黏料,例如 E-51 环氧树脂的黏结力虽比 E-44 环氧树脂大,但内聚力小,可将它们按 7∶3、6∶4 或 5∶5 比例加以混合使用,以获得较高的粘接强度。

②胶黏剂的极性

黏料的极性(原子在组成分子时,正负电荷中心不重合)越高,对于高表面能量的被粘物,粘接强度越高。因为分子间的吸引力强,可获得高的黏结力与内聚强度,粘接强度显著提高。

③胶黏剂的柔性

黏料的柔性是其分子或链段运动和摆动的一种能力。柔性大,有利于其分子或链段的摆动或运动,使两种分子互相靠近而产生黏结力。但黏料的极性基团过密,会阻碍链段的运动,容易使胶层变脆,从而降低胶层的强度。

④胶黏剂的结晶性

结晶是分子呈有规则排列的聚集状态。一般结晶度越高,分子间的相互作用力越大,分子链越难于运动,其屈服应力、强度和模量就越高,而抗伸长率及耐冲击性能越低。

(2)被粘物的表面状况

①表面的清洁度

通常金属表面都为高表面能,大多高分子材料为低表面能。因此,金属材料应比高分子材料容易粘接的多，但实际上金属表面并不洁净，往往有一层氧化物锈垢，在金属加工和储运过程中容易被有机物污染或吸附一层无机物等杂质，由于这个污染层的表面能低，内聚强度低，直接影响胶黏剂对被粘物表面的浸润，因而导致粘接强度降低。一般被粘物表面的清洁度越高，粘接后的强度也越高，为了提高表面的清洁度，通常需要进行表面处理。表面清洁度的主要标志是接触角的大小，最简单的检测方法是水膜法，用水滴在表面上的浸润和扩散程度来衡量。如果在洁净的表面上，水滴会很快地浸润扩展形成一个连续分布的水膜，这时接触角的值很小甚至为零；如果表面上不洁净，水滴难以在表面浸润扩展，形成的是许多破裂的水膜或小水滴，这时接触角的值很大。

②表面的化学结构

清洁度问题固然重要，但不是充分条件，例如低表面能的聚四氟乙烯，虽表面除净油污，但仍无黏结力。如果用钠-萘-四氢呋喃溶液对聚四氟乙烯进行处理后，在溶液中发现有氟原子，说明聚四氟乙烯表面的部分氟原子被拉下来，并在表面上形成薄碳层，通过光电子能谱检测说明表面层的化学结构有了明显的改变，提高了表面自由能，粘接性得以改善。金属表面的化学结构不仅影响粘接强度，更主要的是影响粘接的耐久性。例如在应力和潮湿环境作用下，表面层的水能使金属氧化膜发生水合作用，导致氧化膜弱化并引起金属腐蚀。

③表面的形态

用砂纸打磨或喷砂的办法改变基本表面的形态，不仅增大了有效表面积，也提高了表面的清洁度，提高了粘接强度。表面粗糙度大，表面的凹凸、细孔和沟槽有利于胶黏剂的渗入，产生机械固定。但是表面粗糙度过大，表面的凹孔、沟槽过深时，残留的空气或吸附的水分反而会阻碍胶黏剂的渗入不利于粘接。表面的形态与所用的胶黏剂的刚性有很大的关系，刚度大的影响明显，刚度小的差别小。

(3)粘接体系的内应力

粘接体系的内应力主要来自两个方面，一个是胶层在固化过程中因体积收缩而产生的收缩应力，第二个是由于胶层与被粘物二者的膨胀系数不同而在温度变化时所产生的热应力。

由于内应力与黏结力是互相抵消的，所以它是一个使粘接强度降低的不利因素。目前降低内应力采取的主要方法是在胶黏剂中加入适当的填料，减小胶层与被粘物膨胀系数的差值，以及改善加温固化工艺，减小胶层在固化过程中的体积收缩。

(4)胶层的厚度

胶层的厚度应以满足被粘物表面涂敷后不缺少胶液为原则。实验表明，大多数胶黏剂的剪切强度都是随着胶层厚度的增加而降低的，这是因为厚的胶层容易产生气孔等缺陷，同时内应力也会相对增大。一般有机胶黏剂的胶层厚度以 0.05～0.1 mm 为宜，无机胶黏剂的厚度以 0.1～0.2 mm 为宜。

(5)使用环境条件的影响

使用的环境条件(如曝晒、水蒸气、臭氧、盐雾等化学物质的侵蚀，在水中的浸泡，高低温及其交变等)都不同程度地影响着粘接强度，所以粘接强度除了有力学性能的一些指标外，还有一些关于耐久性的指标，如耐候性、耐热性、耐水性和耐化学试剂性等。

随着粘接技术的发展，粘接结构越来越多地应用于工业生产的各个领域，形状也变得愈加复杂。然而粘接结构设计在一定程度上还处于经验设计的阶段，可靠性较差，连接强度分散性大，因此粘接结构强度的分析与计算是粘接结构强度预测、可靠性评估以及结构合理设计的基础。

## 2.3　粘接接头及其破坏形式

1. 粘接接头

当两个物体用胶黏剂粘接时，被粘接的部分称为粘接接头，它是由被粘物和胶层所构成的，起着传承应力的作用。粘接强度除了与胶黏剂本身的性能有关外，还与粘接接头的状况有着密不可分的关系，受接头形式、几何尺寸和加工质量的影响，粘接接头结构的合理与否是达到理想粘接效果的关键因素之一。

对于胶黏剂粘接接头必须进行专门的设计，尽量规避其缺点，避免过多的应力集中现象的出现。只有充分发挥胶黏剂自身的特性，将两者有机地结合起来才能获得良好的粘接效果。粘接接头的设计就是对接头的几何形状、尺寸大小的确定以及接头的表面处理等，其目的是使粘接接头与被粘物具有几乎相同的承载能力。

粘接接头是通过胶黏剂把被粘物连接成为一个整体的受力或不受力的连接部分，由被粘物与夹在被粘物之间的胶层构成，是结构部件上的不连续部分，如图 A-2-4 所示。

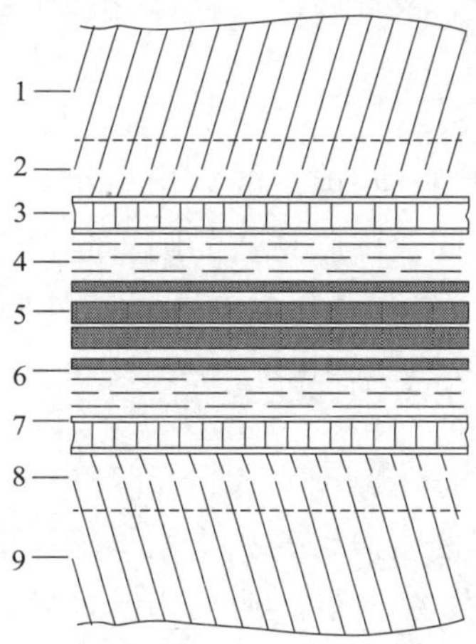


图 A-2-4　粘接接头结构示意图

1,9—被粘物；2,8—被粘物表面层；3,7—被粘物与胶黏剂的界面层；4,6—受界面影响的胶黏剂层；5—胶黏剂层

在粘接接头中，发生在界面区的粘接作用仍是以离子、原子或分子间的作用为基础。界面区可能产生的作用力有：机械结合力、化学键力、分子间的作用力等。分子间的作用力是产生粘接的主要作用力，此外，化学键力等都能导致粘接作用的产生。粘接接头的界面形成是一个复杂的物理反应和化学反应过程。

2. 接头设计的影响因素

(1)接头的受力形式

一般情况下，粘接接头的拉伸、剪切和压缩的强度比较高，而剥离、弯曲、劈裂强度相对比较低，因此，在粘接接头结构设计时应尽量使胶层承受拉伸和剪切负载，或者设法将其他形式的力转换为能够承受剪切力或拉伸力。如在设计板材的粘接接头时，将接头设计成承受剪切负载的搭接接头就比较理想。又如，剥离和不均匀扯离都为线性受力，受力时应力严重集中，将导致粘接接头在受到剥离和不均匀扯离的作用时承载能力明显下降。因此，在设计粘接接头结构时，应尽量避免剥离和不均匀扯离受力，若是无法实现，应该采取必要的加固措施予以改善或弥补。如酚醛胶布板、层压塑料、玻璃钢板、石棉板、纤维板、复合膜等材料层间强度很低，如果采用搭接或平接，容易出现层间剥离，而使粘接强度降低，此时宜用斜接形式。此外，在承受较大作用力的情况下，可采用复式连接的形式。

(2)有效的粘接面积

在条件允许的情况下，增大粘接面积能够有效地提高胶层承受载荷的能力，尤其对提高结构粘接的可靠性更是一种有效的途径。如增加宽度(搭接)能在不增大应力集中系数的情况下增大粘接面积、提高接头的承载力。像修补裂纹时开V形槽、加固时的补块等都是增大粘接面积的有效途径。

(3)避免应力集中

粘接件的破坏很多都是应力集中所引起的，基材、胶黏剂与被粘物弹性模量的不同、粘接部位胶黏剂的分布不均匀以及在使用过程中所受外力的不均匀都是引起应力集中的原因。因此，在接头设计时，应该尽量减少应力集中的出现，比较实用的办法是各种局部的加强，如剥离和劈裂破坏通常是从胶层边缘开始，这样就可以在边缘处采取局部加强或改变胶缝位置的设计来达到减少应力集中的目的。

(4)材料的合理配置

粘接热膨胀系数相差较大的材料时，温度的变化会在粘接界面上产生热应力和内应力，从而导致粘接强度下降，如在粘接不同热膨胀系数的圆管时，若配置不当就可能自行开裂。一般应该将热膨胀系数小的圆管套在热膨胀系数大的圆管的外面。所以，在粘接前应注意材料的搭配。对于木材或层压制品的粘接还要防止层间剥离。

(5)胶层的均匀与连续

在粘接过程中所出现的胶层缺胶、厚度不均、气孔等缺陷都会造成应力集中而降低粘接强度。因此，在粘接接头设计时必须使所设计的接头结构能够保证胶黏剂形成厚度适当、连续均匀的胶层，不包裹空气，易排除挥发物。同时，应当为胶黏剂固化时收缩留有必要的自由度，以减小内应力。

(6)施工的难易程度

粘接接头的结构设计要根据施工现场的实际情况，考虑操作的方便性，制造和装配的难易程度，经济性以及美观性等多方面的影响因素。粘接接头要与其他零件发生联系，不能给装配带来困难，也要为以后的维修着想，还要考虑检测方便。

3. 粘接接头的受力类型

粘接接头在使用过程中的受力情况比较复杂，除了受到机械力的作用外，还和所使用的环境密切相关，其中最主要的是机械力。在设计粘接接头时首先应了解受力的方向和接头之间的关系，当受力的方向和接头的类型不同时，粘接面上所受的应力是不同的。粘接接头在实际的工作状态中受力情况很复杂，但各种复杂粘接接头胶层的受力形式，都可分解为四种基本受力方式，即剪切力、拉伸力、剥离力和不均匀扯离力，如图A-2-5所示。在一般情况下，胶黏剂承受剪切和均匀扯离作用的能力比承受不均匀扯离和剥离作用的能力大得多。

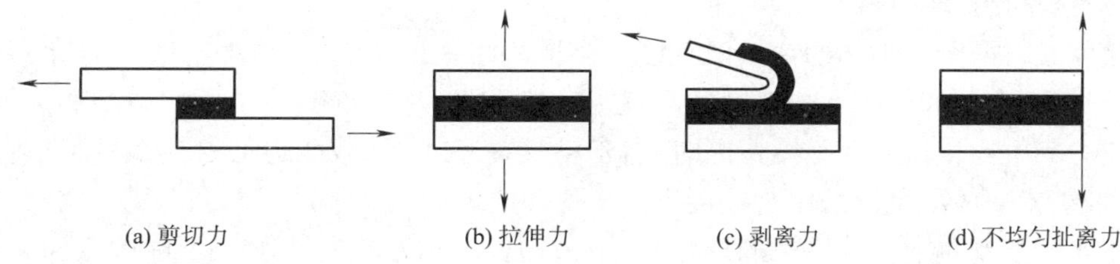


图 A-2-5　粘接接头的受力类型

(1)剪切力

剪切力与胶层平行，实质为两个方向相反的拉伸力或压缩力，此时应力作用在整个粘接面积上，分布较均匀，故可获得最大的粘接强度。这种受力形式的接头最常用，因为它不仅粘接效果好而且简单易行，易于推广应用。

(2)拉伸力

拉伸力也称均匀扯离力，它与胶层垂直，均匀分布在整个粘接面积上，全部粘接面积承受应力，可得到最大的粘接强度。但这种情况在实际使用中是很难碰到的，拉伸力很难保证外力全部垂直作用在粘接面上，一旦外力方向偏斜，应力分布就马上由均匀变为不均匀，使粘接接头遭到破坏。

(3)剥离力

剥离力与胶层成一定角度，力作用在一条直线上，容易产生应力集中，粘接强度比较低。两种刚性不同的材料受扯离作用时，称为“剥离”。当试件受扯离作用时，应力集中在胶缝的边缘附近，而不是分布在整个粘接面上，剥离力与胶层呈一定角度，力作用在一条线上，容易产生应力集中，粘接强度比较低。因此，粘接构件设计中最重要的一条原则是:使设计的粘接件在剪切状态下使用，并尽量减少任何劈裂载荷。

(4)不均匀扯离力

不均匀扯离力作用在胶层的两个或一个边缘上，未分布于整个粘接面积，只在局部长度上受力，且不均匀，粘接强度大幅度降低。这种类型的接头，其承载能力很低，一般只有理想拉伸强度的 1/10 左右，实际断裂则是从应力集中的局部开始。

以上所述只是接头承受的机械力。除此之外，接头使用时还要受到热和环境的影响。热应力是因使用温度变化引起膨胀或收缩产生的，特别是在被粘物与胶黏剂的线膨胀系数相差悬殊时影响较大。

4. 粘接接头的主要形式

无论粘接接头的形式多么复杂，都可以简化为四种基本形式，即对接、角接、T 形接和搭接的单独采用或多种组合，如图 A-2-6 所示。

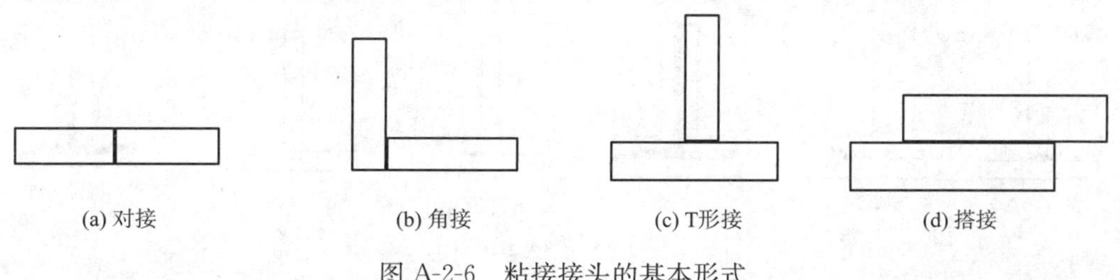


图 A-2-6　粘接接头的基本形式

(1)对接粘接接头

对接就是将两个被粘物的粘接面直接对合粘接在一起。热塑性塑料制品的溶剂或热熔粘接,可用对接。金属和热固性塑料制品不宜用对接,因为对接承受的是不均匀扯离力,易产生弯曲和应力集中对横向载荷敏感。同时,由于粘接面积小,承载能力低,接头粘接强度弱。因此,新设计结构一般尽量不采用对接接头。

由于对接能基本上保持原来的形状,对于破损件的修复很有用。当不能改变原来的形状时,就必须采用对接接头形式。

通常若受力不大,可以采用最简单的对接形式;若受力较大,则应采用改形的对接形式,如Y形对接、补对接、台阶对接等。图A-2-7所示为各种对接接头形式。

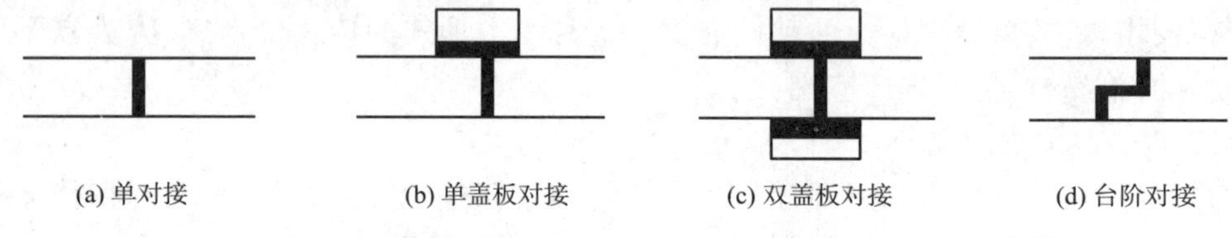


图 A-2-7　对接接头的几种形式

(2)角接粘接接头

角接是被粘板材成一定角度的粘接接头形式,一般都为直角,简单的角接形式会受到不均匀扯离力的作用,应力集中,粘接强度低,受力情况极为不好,实际上不能采用。通常需经过适当的组合补强才能使用,图A-2-8所示是角接接头形式比较。

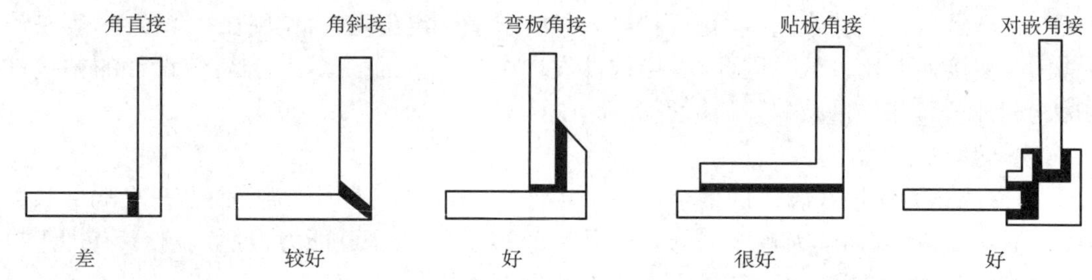


图 A-2-8　角接接头形式比较

(3)T形粘接接头

T形接头是角接的一种特殊形式,由两个被粘物在粘接时互相垂直呈T形而得名。单纯的T形接头受到不均匀扯离和弯曲力的作用,粘接强度极低,不应该采用。如果实际需要,改变一下形式,便可得到较好的粘接效果。图A-2-9所示为T形粘接接头的性能比较。

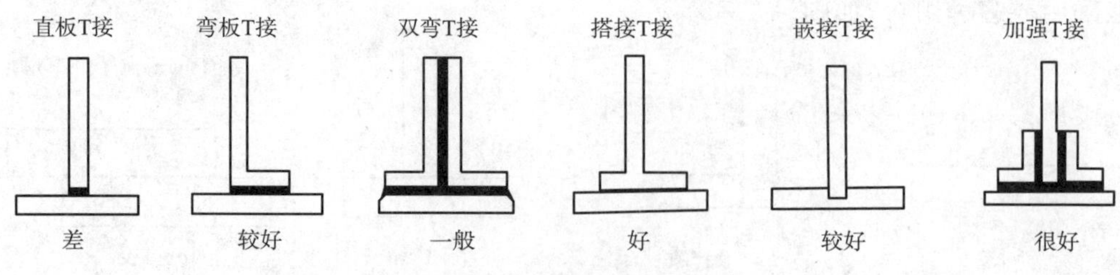


图 A-2-9　T形接头形式比较

(4)搭接粘接接头

搭接是一个平板形被粘物与另一个平板形被粘物端部涂胶叠合一定长度的接头形式，如图 A-2-10 所示。搭接是平面粘接，主要承受剪切力，分布也比较均匀。

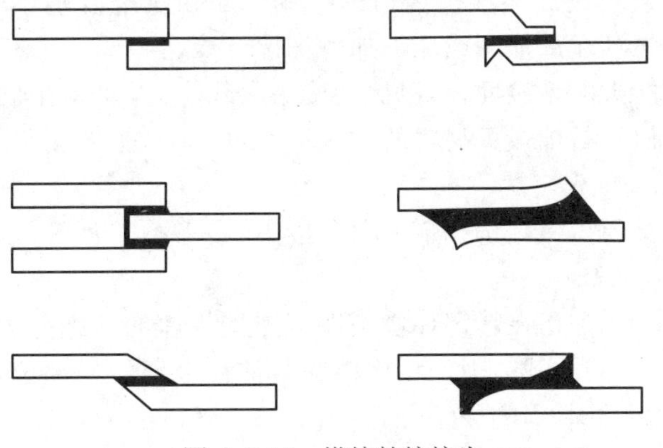

图 A-2-10　搭接粘接接头

搭接粘接面积大，承载能力高，并随搭接宽度的增大而正比例增加。虽然增加搭接长度也会增大粘接面积，但是承载能力与搭接长度并不成正比关系。在一定的搭接长度内，搭接接头的承载能力随着搭接长度的增加而提高，但当达到某一定值后，便不再提高，如图 A-2-11 所示。可见，搭接长度不是越长越好，同时宽度往往受被粘物尺寸的限制，也不能任意增加。

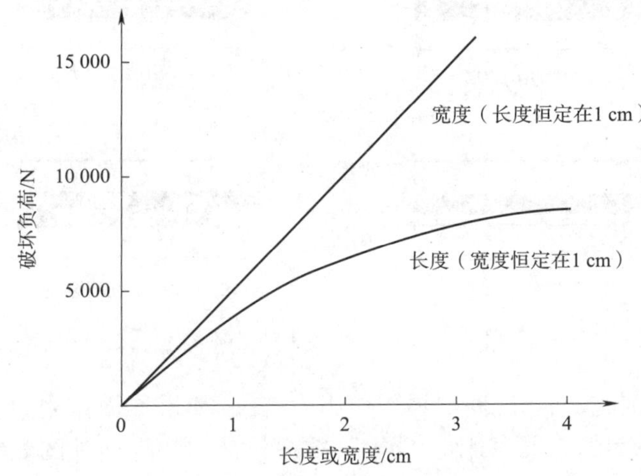


图 A-2-11　搭接接头宽度和长度对粘接强度的影响

搭接接头的长度通常不小于被粘物厚度的 4 倍，不大于被粘物宽度的 0.5～1 倍。一般情况下，接头长度越短，胶层越厚，胶黏剂韧性越好，被粘物越厚、刚度越小，则应力集中越小，但实际上这些条件很难完全满足，因此，搭接接头都存在着应力集中。将被粘物端部削斜、倒角、挖槽、减薄等，都可以减小应力集中，提高粘接强度，使搭接接头更具可靠性。

5. 粘接接头的选择原则

由粘接接头的力学特性可知，其抗拉、剪切、抗压等强度比较高，剥离、抗弯、抗冲等强度比较低。因此，从力学性能角度考虑，粘接接头形式设计与选择的基本原则是：

(1)接头应尽可能承受或大部分承受切应力。粘接接头的拉伸强度虽然很高,但实际上受到纯粹拉伸力作用的场合极少,剪切强度比较高并且容易实现,例如平板搭接和斜接主要承受的就是剪切力。

(2)接头应尽可能避免剥离力和扯离力的作用。如确实难以避免,可采取适当的加固措施,如端部包边、端部加宽、端部加固或端部加铆加螺钉等。

(3)接头应有尽可能大的粘接面积,以提高接头承载能力,如 V 形斜接和台阶对接。

(4)玻璃钢板、纤维板、石棉板等材料的粘接接头,应能防止层压材料的层间剥离,故宜用斜接。

(5)尽可能采用粘接与机械结构相辅的混合接头。

6. 粘接接头的破坏机理

粘接接头的使用价值,是指在特定环境条件下连接物体的承载能力。目前主要是通过破坏性试验来评价粘接接头的承载能力。粘接接头通常在最薄弱的部位发生破坏,根据发生破坏的部位可把破坏分为四种基本的类型,如图 A-2-12 所示。

(1)发生在被粘物内部的内聚破坏[图 A-2-12(a)]。

(2)发生在胶黏剂内部的内聚破坏[图 A-2-12(b)]。

(3)发生在胶黏剂与被粘物界面处的黏附破坏[图 A-2-12(c)]。

(4)上述破坏同时发生的混合破坏[图 A-2-12(d)]。

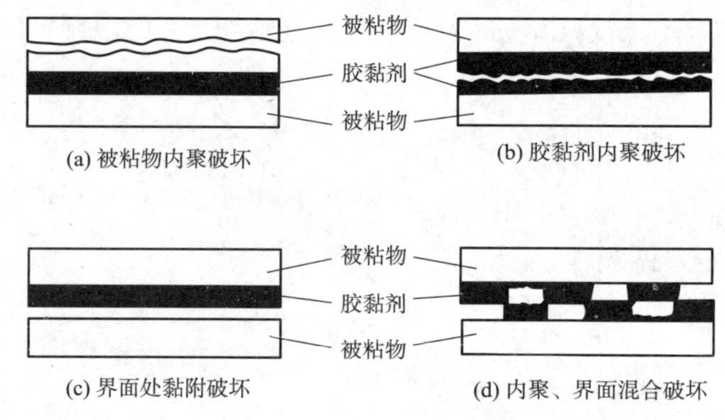


图 A-2-12　粘接接头的破坏类型

破坏类型与胶黏剂、被粘物之间的界面作用力有关,如果界面作用力很小,低于被粘材料的内聚力,也低于胶黏剂的内聚力,则会发生胶黏剂与被粘物界面处的黏附破坏,当界面间作用力比较大,大于被粘物或胶黏剂的内聚力时,则会发生胶黏剂内部的内聚破坏、被粘物内部的内聚破坏、两者同时发生的混合破坏。粘接理论所涉及的对象主要是胶黏剂与被粘物的界面作用。

## 小　　结

1. 粘接产生的条件:粘接发生在接触界面间,一面为被粘物,另一面是胶黏剂。

2. 被粘固体表面特征:复杂性、粗糙性、高能性、吸附性、多孔性、缺陷性。

3. 粘接理论:

(1)吸附理论:黏结力的主要来源是粘接体系的分子作用力,是胶黏剂分子与被粘接物分子在界面上相互吸附所产生的,是物理吸附和化学吸附共同作用的结果。

(2)机械结合理论:任何被粘物表面都是凹凸不平的,当液体的胶黏剂流入后,被粘物表面就会被填平。胶黏剂固化就会使被粘物表面互相咬合而连接。

(3)扩散理论:分子或链段的热运动产生了胶黏剂和被粘物分子之间的互相扩散,从而使两个物体的分子分别进入另一个物体的表层里,使胶黏剂和被粘物彼此渗透交换,类似于表层相互溶解的过程,中间的界面逐渐消失,相互交织,固化后牢固地结合。

(4)化学键理论:胶黏剂与被粘物表面产生化学反应而在界面上形成化学键结合,从而把两者牢固地连接起来。

(5)静电理论:胶黏剂和被粘物之间存在双电层,由于静电的相互吸引而产生黏结力。

4. 胶黏剂的性能:胶黏剂的浸润性、胶黏剂极性、胶黏剂的柔性、胶黏剂的结晶性。

5. 粘接接头是两个物体用胶黏剂粘接时,被粘接的部分。

6. 粘接接头四种基本受力方式:剪切力、拉伸力、剥离力、不均匀扯离力。

7. 粘接接头四种基本形式:对接、搭接、T 形接、角接。

8. 粘接接头的选择原则:

(1)接头应尽可能承受或大部分承受切应力。

(2)接头应尽可能避免剥离力和扯离力的作用。

(3)接头应有尽可能大的粘接面积,以提高接头承载能力。

(4)接头应能防止层压材料的层间剥离。

(5)尽可能采用粘接与机械结构相辅的混合接头。

## 思考与练习

**一、填空题**

1. 粘接主要是通过粘接界面产生的________来实现。

2. 粘接过程中,粘接作用发生在基体表层,是一种________现象。

3. 带有偶极的极性分子或基团之间正负电荷相互吸引的作用力称为________。

4. 胶黏剂与被粘物表面产生化学反应而在界面上形成________结合,从而把两者牢固地连接起来。

5. 胶黏剂主要成分黏料的相对分子质量越小,黏度________,浸润性与黏结力________。

6. 粘接接头是由被粘接物和夹在其间的胶层所构成的,起着________的作用。

7. 两种刚性不同的材料受________作用时,称为“剥离”。

8. 粘接接头的形式可以简化为四种基本形式:________、________、________和________。

9. 粘接接头的主要理论________、________、________、________和________。

10. 粘接接头在使用过程中的受力情况最主要的是________力。

11. 当不能改变原来的形状时,就必须采用________粘接接头形式。

**二、问答题**

1. 粘接产生的条件是什么?

2. 被粘物表面的特征有哪些?

3. 什么是吸附理论？
4. 什么是机械结合理论？
5. 什么是化学键理论？
6. 什么是静电理论？
7. 影响粘接强度的因素有哪些？
8. 什么是粘接接头？主要形式有哪些？
9. 粘接接头受力的类型有哪些？
10. 粘接接头的选择原则有哪些？

# 知识点3　常用胶黏剂

## 学习目标

1. 了解胶黏剂的种类和特性。
2. 掌握各类无机胶黏剂的使用场合。
3. 掌握各类天然胶黏剂的使用场合。
4. 掌握无机胶黏剂、天然胶黏剂、合成树脂类等胶黏剂的使用场合。
5. 了解合成橡胶胶黏剂和厌氧胶的优缺点。

## 相关知识

由于表面的黏附、内聚与键合作用，能够将两种或两种以上同质或异质的材料连接在一起，固化后具有足够强度的天然或合成、无机的一类物质，被称为胶黏剂或黏合剂，简称胶。

早期的胶黏剂以天然物为原料，而且大多是水活性的。20世纪以来，由于现代化大工业的发展，天然胶黏剂不论在产量还是品种上都已不能满足要求，因而促进了合成胶黏剂的产生和不断发展。

合成树脂胶黏剂的生产是从1909年发明工业酚醛树脂开始的。第二次世界大战期间，由于军事工业的需要，胶黏剂也有了相应的变化和发展，尤其是应用在飞机的结构件上后，出现了“结构胶剂”这一新的名称。20世纪50年代开始出现了环氧树脂胶黏剂，与其他胶黏剂相比有强度高、种类多、适应性强的特点，成为主要的结构胶黏剂。20世纪60年代开始出现了热熔胶黏剂，后又出现了反应、辐射固化热熔胶。20世纪70年代有了第二代丙烯酸酯胶黏剂，以后又有第三代丙烯酸酯胶黏剂。20世纪80年代以后，胶黏剂的研究主要是在原有品种上进行改性，以提高其性能、改善其操作性和环保性。

胶黏剂的特性：粘接时应呈现液态；能够充分浸润被粘物表面；能通过固化或凝聚，从液态向固态转变，形成坚韧的固体胶层或凝胶胶层；固化后有一定的强度和力学性能，可以传递应力，抵抗破坏；能够经受时间的考验。

胶黏剂的品种繁多，从天然分子物质、合成树脂到无机物，已有数千种类型。胶黏剂的分类方法很多，常用如下分类方法：

(1)按来源分类，可分为天然胶黏剂和合成胶黏剂。天然胶黏剂的原材料主要从自然界的动、植物中提取，如动物胶有骨胶、虫胶、鱼胶等；植物胶有淀粉、松香等。合成胶黏剂是由合成树脂或合成橡胶为主要原料配制而成的胶黏剂，如热固型胶黏剂有环氧、酚醛、丙烯酸双酯、有机硅、不饱和聚酯等。橡胶型胶黏剂有氯丁橡胶、丁腈橡胶、硅橡胶等。热塑性胶黏剂有聚醋酸乙烯酯、乙烯、醋酸乙烯酯等。

(2)按用途分类，可分为结构胶黏剂、非结构胶黏剂、特种胶黏剂三大类。结构胶黏剂胶接的接头抗剪切强度可达7 MPa，不仅有足够的剪切强度，还有较高的不均匀扯离强度，能长时间内承受振动、疲劳和冲击等载荷，同时还具有一定的耐热性和耐候性。非结构胶黏剂在较低的温度下有一定的强度，随着温度的升高胶接强度迅速下降，所以这类胶黏剂主要用于胶接不重要的零件，或用于临时固定。特种胶黏剂主要是满足特殊的需要，如耐高温、超低温、导电、导热、导磁、密封等。

胶黏剂按用途还可分为通用胶黏剂和专用胶黏剂，专用胶黏剂又分为金属用、木材用、玻璃用、橡胶用和聚乙烯泡沫塑料用等多种。

(3)按胶黏剂固化后胶层的特性分类，可分为热塑性胶黏剂和热固性胶黏剂。热塑性胶黏剂为线性结构，一般通过溶剂挥发、熔体冷却和乳液凝聚的方式实现固化，其胶层受热软化，遇溶剂可溶，凝聚强度低，耐热性能较差。热固性胶黏剂为网状体形结构，受热不软化，遇溶剂不溶解，具有较高的凝聚强度，耐热、耐介质腐蚀，缺点是冲击强度和剥离强度低。

(4)按胶黏剂基料物质可分为树脂型、橡胶型、无机型及天然胶黏剂。

## 3.1 天然胶黏剂

天然胶黏剂的主要组成黏料来自天然成分，如虫胶、动物胶、淀粉、糊精和天然橡胶等。天然胶黏剂的原料易得、价格低廉、低毒无害、使用方便，广泛用于粘接木材、棉织物、纸张、皮革和玻璃等。

天然胶黏剂的粘接强度较低，几乎都不能在 100 ℃以上的温度内保持强度。大多数天然胶黏剂的耐湿性、耐虫性和耐霉性较差，但有良好的耐有机溶剂性。尽管合成胶黏剂已代替大部分的天然胶黏剂，但因天然胶黏剂大都是水溶的或热熔型的，而且无毒不污染环境，所以还应用在一些特定的场合。近年来能源紧张，使天然胶黏剂又受到重视，人们正致力于天然胶黏剂的化学改性，以提高性能，扩大应用范围。

天然胶黏剂主要包括植物胶黏剂、动物胶黏剂和矿物胶黏剂。前两种胶黏剂按其化学结构可分为蛋白质胶、碳水化合物胶和其他天然树脂胶等三大类。

1. 植物胶黏剂

植物胶黏剂易在水中溶解或分散，由天然植物制造或提取。有一些胶黏剂如植橡胶胶浆、硝酸纤维素和乙基纤维素、腊克胶泥，也是由植物制得的，但它们不能水溶或水分散，因此不归类于植物胶黏剂。植物胶黏剂主要有：

(1)淀粉胶黏剂

这种胶黏剂主要由无臭、无味的白色淀粉制成。最普通的制法为加热法和碱熟法。加热法是将 10%～15%的淀粉水混合物搅拌均匀后再边搅拌边加热至 80 ℃左右，十几分钟即可糊化成胶。碱熟法是在 10%～15%的淀粉水混合液中，搅拌加入 5～10 份 10%的氢氧化钠溶液，室温即可糊化成胶。很多情况下将加热法和碱熟法结合应用。淀粉胶黏剂可粘接纸张、布等制品，主要用于服装加工、制鞋、纸箱制造、织物上浆和铸造型等。

(2)糊精胶黏剂

糊精胶黏剂为白色或黄色无定型粉末，是淀粉的不完全水解物，可溶于冷水。由 100 g 淀粉、2 mL 硝酸、3 mL 盐酸与 1 000 mL 水均匀混合后，50 ℃干燥，再以 110～140 ℃加热 1 h 制得。用糊精配制胶黏剂时，除了糊精和水之外还要加入改善性能的添加剂，如加入硼砂提高粘接强度，加入硫酸钠消除臭味，加入三氯化钠提高抗霉性等。

(3)豆胶

豆胶以大豆为原料制成，属于植物性蛋白质。将大豆粉以溶剂萃取，脱去油脂，以碱溶得粗蛋白，再精制成精蛋白。将精制的大豆蛋白与水配制成一定的浓度得到。通过加入消石灰、氢氧化钠、硫酸铜等助剂改善性能。豆胶无毒无味，使用方便，成本低廉，但耐水性差，已很少单独使用，只作为酚醛树脂和脲醛树脂的添加剂。

(4)桃胶

桃胶是从桃树干上分泌出来的一种天然树脂，为淡黄色的透明固体。用2～3倍的水溶解，加入1%～2%的对硝基酚，可得到淡黄色的胶液，用于木材和纸张及其制品的粘接。

(5)阿拉伯树胶

这种树胶是生长于阿拉伯、非洲和大洋洲等地胶树中所得树脂的总称，是外观为白色至深红色的脆性固体，密度为1.3～1.4 $kg/m^2$，溶于水成胶液，加入少量甘油降低脆性。主要用于邮票上胶、光学镜片粘接、标签粘贴及服装工业等。

(6)羧甲基纤维素胶黏剂

俗称化学糨糊，原为白色粉状物，因纤维素在氢氧化钠溶液中与氯乙酸作用，羧基上的氢被羧甲基取代，故制得羧甲基纤维素钠盐。以适量的水调配成透明的胶液，该胶液对热和光相当稳定，用于粘接纸和布制品，在纺织印染工业中可代替淀粉上浆。

(7)冷杉胶

冷杉胶是一种从冷杉树上得到的天然树脂，为淡黄色的透明固体，属天然热熔胶。冷杉胶不仅透明性好，固化迅速，而且有良好的高低温性能，可直接加热，热态粘接。一般用于光学玻璃制品组装、封固生物切片和粘制地质标本等。冷杉胶胶黏剂的储存应位于清洁干燥的地方，避免高温和阳光照射。

(8)松香胶黏剂

松香是由松树分泌出来的黏性物质，经蒸馏出松节油后得到的透明玻璃状的天然树脂，外观呈淡黄色至深棕色，主要成分为松香酸(占80%～90%)。松香可以直接加热熔化粘接玻璃等物品，属于热熔胶一类；也可以用酒精、蓖麻油等溶剂配成溶剂型胶黏剂；还可以碱化制成水溶性胶黏剂。如果加入石蜡或地蜡，便可减少松香的脆性。松香胶黏剂可用于粘接金属箔，制造粘蝇纸以及作为陶瓷加工中的临时黏结剂。

(9)天然橡胶胶黏剂

天然橡胶是从橡胶树分泌出来的一种白色胶乳，经过凝固、干燥等加工工序制成的以聚异戊二烯为主要成分的弹性固体。天然橡胶分为三叶橡胶和野生橡胶两大类。常用三叶橡胶的品种是烟生胶、皱片胶和颗粒胶。常用野生橡胶的品种是古塔波胶、巴拉塔胶和杜仲胶。未硫化的天然橡胶虽然初黏力较大，有良好的弹性和优异的绝缘性能，价格低廉、使用方便，但是粘接强度不高，耐热性差，只能用于天然橡胶、织物和绝缘纸的粘接，而不能用于金属和塑料粘接。硫化的天然橡胶胶黏剂与未硫化的橡胶胶黏剂相比，在粘接强度、弹性、抗蠕变和耐老化等方面都有较大的改善。天然橡胶经改性制成氯化橡胶胶黏剂、氢氧化天然橡胶胶黏剂和甲基丙烯酸甲酯天然橡胶胶黏剂等后，粘接强度大为提高，可以用于金属粘接。

2. 动物胶黏剂

动物胶是动物皮和骨中的胶原蛋白的水解产物。动物胶黏剂是从动物的乳液、血液、内脏、皮肤、骨骼、肌腱、韧带和分泌物等原料中提取，加入其他的助剂配制而成的。动物胶黏剂有骨胶、明胶、皮胶、鱼鳔胶、酪朊胶、血朊胶和虫胶等。优点是无毒、价格低廉、使用方便、耐油，对木材和织物有较高的粘接强度，缺点是耐水性差，易变质生霉。常用的几种动物胶黏剂如下：

(1)骨胶与明胶

骨胶以动物的软骨和结缔组织等为基料加工提取而成，是骨胶原衍生的蛋白，属硬蛋白胶，外观呈褐色或透明褐色，在冷水中膨胀，溶于热水、甘油和醋酸，不溶于乙醇和乙醚。骨胶加水分解转变为明胶，明胶与骨胶没有本质的区别，只是前者比后者纯度高、品质好、色泽较浅。为改善骨胶的耐水性和抗霉性，可加入脲醛树脂、甲醛和苯酚等。骨胶与明胶可用于木材、纸张、织物、砂轮、砂布和皮革等的粘接。明胶还常用来配制感光胶。

(2)牛皮胶

牛皮胶是用动物的皮、筋等精炼而成，外观为黄色或棕色，有薄片和粉粒两种状态。牛皮胶耐油性好，耐水性差，容易发霉。加入10%的甲醛溶液可提高耐水性；加入3%～5%的对硝基酚溶液可增强其抗霉性；加入质量分数为2%～3%的甘油，能提高胶层韧性。牛皮胶用于粘接木材、纸张和棉织品等。

(3)鱼鳔胶

鱼鳔胶又称黄鱼胶，用鱼的内脏精炼而成，韧性、防潮性和粘接强度均比骨胶好。将干燥的鱼鳔胶片在水中浸泡一段时间，用水浴加热溶解，配制成黏稠的胶液。如果加入甲醛溶液，可提高其防潮性；加入硝基酚溶液，可增强其抗霉性。鱼鳔胶胶黏剂可粘接皮革、木材和纸张等。粘接皮革时，涂胶后需烘烤，合拢后加压，在室温下放置48 h。

(4)酪朊胶

酪朊又称酪素或干酪素，取自动物乳液中的含磷蛋白质，一般为白色至黄色的半透明固体或粉末。无毒、无味，不溶于水、醇，溶于稀碱液、碱式碳酸盐溶液和浓酸。配制酪朊胶黏剂时，要加入碳酸钠、硅酸钠、硼砂、氨水、磷酸钠、消石灰等，用量为酪朊的3%～5%。加入少量的甲醛溶液和苯酚，可提高其抗霉性。酪朊胶黏剂主要用于粘接木材和制造胶合板，也可粘接陶瓷和玻璃。

(5)血朊胶

血朊是动物血液中提取的一种蛋白质，也称为血粉。将血粉先用水浸泡2 h，边搅拌边加入消石灰、碳酸钠、硅酸钠等配成胶液。血朊胶黏剂的耐水性比其他动物胶黏剂的都好，但色泽很深，容易污染被粘物。血朊胶黏剂主要用于木材和纸张的粘接。

(6)鱼胶

鱼胶是从鱼皮中提取的一种骨胶原蛋白质，与骨胶很相似。鱼胶为液态，易溶于水，使用方便，不用配制可直接使用。加入甘油或乙二醇可增强其塑性；加入硫酸铝、硫酸镁和甲醛可提高其耐水性。鱼胶可用于木材、纸张和棉织品的粘接，也可作为光敏涂料的基料。

(7)虫胶

虫胶又称紫胶、紫草茸、洋干漆、漆片，是由虫胶树上的紫胶虫吸取树汁后分泌出的紫色天然树脂。虫胶溶于乙醇和碱性溶液，略溶于酯类和烃类但不溶于水，若以乙醇、杂酚油等溶解可制成胶黏剂，加入氨水、松节油等可改善粘接性能。虫胶具有粘接强度高、电绝缘性好、防水、防潮和耐酸等优点，可用于金属和非金属材料的粘接和密封。

*3. 矿物胶黏剂*

矿物胶黏剂有沥青胶黏剂、地蜡胶黏剂、硫黄胶黏剂、辉绿岩胶黏剂和石蜡胶黏剂等多种，介绍如下：

(1)沥青胶黏剂

沥青分为天然沥青和石油沥青两大类。作为胶黏剂用的主要是石油沥青，呈棕色至黑色的有光泽的树脂状物质，不溶于丙酮、乙醚、稀乙醇，溶于烃类和二硫化碳。

由沥青配制的胶黏剂有溶剂型、热熔型和乳液型三种。各类沥青胶黏剂均有价廉、耐水、耐酸、耐碱、使用寿命长等优点，但耐油、耐溶剂性差，一般用于建筑行业和汽车制造业的粘接、密封和防水隔潮。

(2)地蜡胶黏剂

地蜡分为提纯地蜡和合成地蜡两大类。提纯地蜡是由地蜡矿或高黏度石油润滑油馏分的蜡质加工而得，合成地蜡是由合成石油中的蜡质加工而得。

将地蜡、树脂和润滑油等加热熔融，就可制成地蜡胶黏剂。地蜡胶黏剂用于收音机、录音机和电视机等天线线圈和磁棒的粘接。

(3)硫黄胶黏剂

硫黄是由天然硫矿或加热黄铁矿提取而得的黄色固体，有结晶和无定形两种。硫黄不溶于水，略溶于乙醇和乙醚，溶于二硫化碳、四氯化碳和苯。将硫黄5%、立德粉3%、松香4%加热熔化，即可得到硫黄胶黏剂。硫黄胶黏剂主要用于粘接陶瓷材料。

(4)辉绿岩胶黏剂

天然辉绿岩一般是淡绿色的，另有橄榄辉绿岩和石英辉绿岩，其主要成分是二氧化硅、氧化铝和氧化铁，并有少量的氧化钙、氧化镁和二氧化钛。将辉绿岩粉与水玻璃搅拌，加入瓷粉、搪瓷粉，可配成辉绿岩胶黏剂，主要用于粘接陶瓷和修补搪瓷器皿。

## 3.2 无机胶黏剂

用磷酸盐、硅酸盐、硫酸盐、硼酸盐、无机酸、无机碱、金属化合物和氢氧化物等无机物配制成的胶黏剂称为无机胶黏剂。常见的水泥、水玻璃、石膏、硫黄、黏土等均为“古老的”无机胶黏剂。现代的无机胶黏剂大多是由多组分无机物配制而成。

无机胶黏剂的种类较多，目前在工业生产中常用的是氧化铜无机胶黏剂和硅酸盐无机胶黏剂两类。无机盐类配成的无机胶黏剂具有很高的耐热性，可承受2 700 ℃的高温，这是有机胶黏剂无可比拟的。

无机胶黏剂根据固化的方式可分为空气干燥型、水固化型、热熔型和化学反应型。空气干燥型的有水玻璃、黏土等；水固化型的有石膏、水泥等；热熔型的有伍德合金、硫黄等；化学反应型的有硫酸盐、硅酸盐、硼酸盐等。无机胶黏剂的优点是无公害、毒性小、不燃烧、可室温固化，基本不收缩，有的反而略有膨胀，原料容易获得，价格低廉，使用方便。缺点是不耐酸、碱，耐水性较差，脆性较大，不耐冲击以及拆卸困难等。

无机胶黏剂广泛应用于机械制造与维修业。一般用来粘接切削刀具、量具、模具和砂轮制品等，其工艺简单、生产成本低。无机胶黏剂在设备维修中，可修复导轨咬伤、轴类断裂、缸体及箱盖裂纹等。对于因裂纹、砂眼、气孔等造成的设备漏油，也可用无机胶黏剂补漏。

1. 磷酸氧化铜无机胶黏剂

磷酸氧化铜无机胶黏剂是由磷酸、氢氧化铝、氧化铜粉组成的。甲组分为黑色的氧化铜粉末，细度为粒度71～45 μm(200～320目)；乙组分为磷酸与氢氧化铝配成的磷酸铝溶液，使用时按照适当的配比调制。甲组分比例越大，固化速度越快，因此要根据不同的环境湿度和适用期，适当地控制甲、乙组分比。一般在夏季甲组分比例要小，冬季时甲组分比例要大一些。

磷酸氧化铜无机胶耐高温 700～900 ℃，耐油、耐水，粘接固化速度快，耐久性强，其缺点是不耐酸、碱，脆性较大。

磷酸氧化铜无机胶可代替铜钎焊，粘接长麻花钻杆、磨条、小砂轮、金刚石等刀具，固定量具，粘接模具，密封补漏等。使用磷酸氧化铜无机胶黏剂时，表面愈粗糙粘接强度愈高，当表面粗糙度为 80～20 μm 时，粘接强度最高。接头一般要采用套接或槽接。

2. 硅酸盐无机胶黏剂

硅酸盐无机胶黏剂是以硅酸钠（水玻璃）为主体，加入氧化硅、氧化铝、氧化锌、氧化镁、氧化钛和氧化铁等金属氧化物、铝粉、石墨粉及水泥等配制而成。其品种较多，如硅酸钠石墨胶黏剂、硅酸盐水泥胶黏剂等，其中硅酸钠氧化物胶黏剂最为常用，最有价值。

硅酸盐无机胶黏剂可分为单组分或双组分，属于化学反应型的胶黏剂，由甲组分液体或双组分液体和粉末加水调和而成。特点是能耐 800～3 000 ℃的高温，耐油、耐碱、耐有机溶剂，粘接碳钢的剪切强度大于 60 MPa，拉伸强度大于 30 MPa，粘接强度高但不耐酸，脆性较大。

硅酸盐无机胶可用于粘接金属、陶瓷、玻璃、石材等，还可用于铸件砂眼堵漏、铸件缺陷浸渗修补。

## 3.3 合成树脂类胶黏剂

由合成树脂为主要原料配制而成的胶黏剂称为合成树脂胶黏剂。常用的有酚醛树脂胶黏剂、酚醛树脂缩醛树脂胶黏剂、酚醛树脂丁腈橡胶胶黏剂、环氧树脂胶黏剂、环氧树脂尼龙胶黏剂、环氧树脂缩醛树脂胶黏剂、环氧树脂酚醛树脂胶黏剂、环氧树脂丁腈橡胶胶黏剂、环氧树脂聚硫橡胶胶黏剂、脲醛树脂胶黏剂和不饱和聚酯胶黏剂等。

1. 酚醛树脂胶黏剂

酚醛树脂胶黏剂是合成高分子胶黏剂中使用最早、用量最大的品种之一。它是由酚类如苯酚、甲酚、二甲酚、叔丁酚、间苯二酚等与醛类如甲醛、糠醛等为原料，经过缩聚反应制得的。用于配制胶黏剂的酚醛树脂通常是苯酚与甲醛缩聚反应而得，相对分子质量为 700～1 000 的低相对分子质量低聚物可溶树脂。低聚物酚醛树脂添加固化剂和改性剂，便可配成各种类型的酚醛树脂胶黏剂。酚醛树脂胶黏剂可粘接金属、玻璃钢、陶瓷玻璃、织物、纸板、木材、石棉等，多用于木制品、竹制品、纸张胶合板的粘接制造。具有粘接强度高、耐高温、耐水、耐油、价格便宜、容易生产、易于改性等特点，应用日益广泛。

(1)分类

酚醛树脂胶黏剂品种较多，一般分为酚醛树脂胶黏剂（或纯酚醛树脂胶黏剂）和改性酚醛树脂胶黏剂两大类。也可按酚醛树脂使用的固化温度不同分为高温固化型、中温固化型和常温固化型三类。

①高温固化型酚醛树脂胶黏剂

以强碱为催化剂，反应介质 pH 值$>$10，在 130～150 ℃固化；用弱碱为催化剂，反应介质 pH 值$<$9，形成的初期酚醛树脂用酒精溶解，在 130～150 ℃固化。

②中温固化型酚醛树脂胶黏剂

以碱为催化剂，反应介质 pH 值>12，在 105～115 ℃固化。

③常温固化型酚醛树脂胶黏剂

以强碱为催化剂，形成初期酚醛树脂，以有机溶剂溶解，在酸性条件下常温固化。

按照溶剂类型分为水溶性和醇溶性等。醇溶性酚醛树脂是由苯酚和甲醛以氢氧化钠为催化剂制得的甲阶酚醛树脂，水溶性酚醛树脂是由苯酚和甲醛在氢氧化钠催化作用下制得的酚醛树脂水溶液，游离酚含量低(<2.5%)，减小了污染和毒害，是重要的未改性酚醛树脂胶黏剂，多用于人造板的制造与加工。

(2)应用

酚醛树脂胶黏剂最主要的用途之一是用于高级粘接板的制造，一般涂胶量在 110～50 g/m$^2$ 之间，热压温度为 115～150 ℃，热压压力为 1.05～2.0 MPa，在刨花板和纤维板的生产中也大量使用酚醛树脂。在酚醛树脂胶黏剂中，间苯二酚-甲醛胶黏剂的粘接强度最大，大于木材本身的强度，在粘接接头暴露在大气的各种条件下，能够保持原有的粘接强度，且耐疲劳，蠕变小，耐沸水及各种非腐蚀性的溶剂。

在机械制造方面，酚醛树脂胶黏剂也显示出了其独特的优势，如在铸造加工中，酚醛树脂用作型砂胶黏剂，采用高邻位酚醛树脂和聚氨酯作主要成分的冷芯盒法由于具有高的芯砂质量和快速固化等优点而得到广泛应用，将石墨粉与热固性酚醛树脂胶黏剂组成的糊精浇注到模具内，在常压下成型，可制备石墨零件或材料。将液体或粉状酚醛树脂胶黏剂、磨料和填料混合，粘接磨料可制备砂轮。

酚醛树脂经过改性后，强度和韧性大大提高，使用温度范围扩大到－55～260 ℃，短期内耐温达 350 ℃，常用作结构胶黏剂，能承受较大载荷应力，多用于金属材料的粘接。酚醛-缩醛、酚醛-丁腈橡胶、酚醛-环氧胶黏剂在航天航空中用于飞机的钣金粘接和蜂窝结构的粘接，也用于宇宙飞船上的隔热组件和过渡舱的制造等；酚醛树脂胶黏剂具有良好的耐热性能和低廉的成本，在车辆制造方面，特别是在汽车刹车片的制备和粘接工艺中必不可少，几乎不存在生锈的问题，具有其他胶黏剂无法替代的作用；酚醛树脂中含有大量极性的羟甲基，对金属、非金属有良好的粘接性能，常用作密封胶；酚醛树脂胶泥具有黏结力强、耐磨蚀、防水、绝缘性好等特点，在建筑工程上广泛用于内外墙面、地坪的粘接，板材面层和勾缝，基础、储槽的涂抹及防腐；在电子电器方面，酚醛树脂胶黏剂可用作绝缘密封胶，用于绕组线圈、电容、电阻变压器和半导体元件等；绝缘性能好的酚醛树脂胶黏剂配以其他组分，还可用来粘接启动器、普通灯泡、变压器以及印制电路板等。

(3)基本性能

与脲醛树脂胶黏剂相比，酚醛树脂胶黏剂的耐水性、耐老化性、耐热性都比较好，粘接强度高，可制备成固态或液态形式。固态产品可部分或全部溶解于醇、酮等溶剂中，也可配制成水溶性、醇溶性和油溶性树脂。

各类酚醛树脂分子结构各不相同，其物理性质也各异。典型的热塑性酚醛树脂外观为近似于松香状的固体，室温下具有脆性，容易粉碎。一般而言，分子量高的，滴落温度(熔点或软化点)和熔体黏度相应增高，凝胶时间降低。同时，酚醛树脂苯环上的羟基与亚甲基的相对位置和支链结构的变化均会影响其物理性质。

热固性酚醛树脂中甲醛过量，苯环上具有足够的活性羟甲基基团，只要加热即可直接交联。热塑性酚醛树脂的固化需加入固化剂，如六亚甲基四胺、多聚甲醛等。六亚甲基四胺用作固化剂最为普遍,用量为树脂的8%～15%。固化后的酚醛树脂为网状结构,能发生硝化和磺化反应,不耐浓硫酸和硝酸等强氧化性介质,耐碱性差。酚醛树脂制品具有良好的耐热性能,一般可在120 ℃下长期使用。

酚醛树脂胶黏剂主要有以下特性。

①极性大,黏结力强,对金属和非金属都有良好的粘接性能。

②酚醛树脂由大量的苯环组成,又能交联成体型结构,故有较大的刚性和优异的耐热性。

③耐老化性好,包括高温老化和自然老化。

④耐水、耐油、耐化学介质、耐霉菌。

⑤制造容易,且本身易于改性,也能够对其他胶黏剂进行改性。

⑥粘接强度高,用途广泛。

⑦电绝缘性能优良。

⑧抗蠕变,尺寸稳定性好。

⑨脆性大,剥离强度低。

⑩需高温高压固化,收缩率较大。

⑪固化时气味较大。

以苯酚和甲醛缩聚制备的酚醛树脂应用最广,制品的粘接强度、耐水、耐热、耐腐蚀等性能都很好。可制成航空粘接板、船舶板、车厢板等产品,成本比脲醛树脂胶黏剂高,胶层颜色较深,固化温度要求较高(140 ℃以上),固化时间长,在使用上受到一定限制,通过改性后能可进一步提高其性能。

(4)酚醛树脂胶黏剂的改性

一般酚醛树脂胶黏剂的粘接性能较差,加入橡胶或热塑性树脂进行改性后,可提高酚醛树脂胶黏剂的韧性,改善金属的粘接。常用的改性酚醛树脂胶黏剂有酚醛树脂-缩醛树脂胶黏剂和酚醛树脂-丁腈橡胶胶黏剂两类。

①酚醛树脂-缩醛树脂胶黏剂

酚醛树脂缩醛树脂胶黏剂简称为酚醛缩醛胶,利用热塑性的聚乙烯醇缩醛树脂制得。优点是粘接强度高、韧性好、耐低温、耐疲劳和使用寿命长等;缺点是耐热性差,最高的使用温度为120 ℃。大量用于耐高温刹车片的粘接,也用于金属、陶瓷、玻璃、塑料和其他非金属材料的粘接。

②酚醛树脂-丁腈橡胶胶黏剂

酚醛树脂-丁腈橡胶胶黏剂是在丁腈橡胶中加入硫化剂和补强剂混炼后与酚醛树脂共同溶于乙酸乙酯中制备的溶液型胶黏剂。有很高的粘接强度和剥离强度,有良好的耐油、耐溶剂、耐疲劳、耐盐雾、耐湿热老化、耐冷热交变等性能,使用的温度范围也比较宽－55～260 ℃,能适应多种场合的需要,是目前市场上综合性能优异、用途广泛的一种胶黏剂。可用于粘接金属、玻璃、皮革、纸张、木材、聚氯乙烯、尼龙、酚醛塑料、脲醛塑料以及丁腈橡胶等多种材料。酚醛丁腈胶有单组分、双组分和三组分等几种,还可制成胶膜与胶液配合使用。

2.环氧树脂胶黏剂

环氧树脂胶黏剂的基本成分是环氧树脂和固化剂,根据不同性能的要求,还可包括增韧剂、稀释剂、促进剂、抗氧剂、填充剂或偶联剂等。

在合成胶黏剂中,无论是性能和品种上,还是产量和用途上,环氧树脂胶黏剂都占有举足轻重的地位。环氧树脂胶黏剂具有许多优异的特性，如黏结性好、粘接强度高，收缩率低、尺寸稳定，电性能优良，耐化学介质，配制容易简单，毒性低、危害小、不污染环境等。环氧树脂胶黏剂对多种材料都具有的胶黏能力，还有密封、绝缘、防漏、紧固、防腐、装饰等多种功用，因而在航空、航天、军工、机械、造船、电子、电器、建筑、汽车、铁路、轻工、农机以及医疗等领域都获得了广泛的应用。虽然环氧树脂具有上述众多的优势，但也有脆性大、韧性差等不足，需要进行改性处理。

（1）基本性能

①外观与色泽

环氧树脂会随着相对分子质量的变化而改变其外观状态，从低黏液体变为半固态直至固体。环氧树脂一般是透明的，但会因制造工艺的不同而呈无色或淡黄色。

②环氧当量与环氧值

环氧当量(EEW)表示每一个环氧基团相当的环氧树脂的质量，环氧值表示 100 g 环氧树脂中含有环氧基物质的量(mol)。环氧值愈大，相对分子质量愈小，黏度愈低。环氧值(或环氧当量)是脂的重要质量指标，它决定着固化剂用量的多少和固化产物的性能。

③羟值与羟基当量

羟值是决定固化剂用量的一个重要指标。羟值表示 100 g 环氧树脂中所含羟基的物质的量，羟基当量则表示含有 1 mol 羟基的环氧树脂质量。它们之间的关系为：羟值＝100/羟基当量。羟基是一个极性基团，也是环氧树脂的主要反应基团，高分子量、超高分子量环氧树脂的环氧基含量很低时，固化交联反应主要是靠羟基。如双酚 A 型环氧树脂的相对分子质量越高，其羟基当量越大。

④氯含量

氯含量表示 100 g 环氧树脂中含有氯的物质的量，国外常用质量分数(%)表示。氯在环氧树脂中以无机氯和有机氯的形式存在，其中有机氯又分为可水解氯(活性氯、易皂解氯)和不可水解氯(非活性氯)。氯含量影响环氧树脂固化物的介电性能和耐水性，无机氯的影响更为显著。

⑤黏度

环氧树脂的黏度是与使用工艺有关的一项重要指标，黏度的大小随温度不同而改变。液态双酚 A 环氧树脂的黏度和固态双酚 A 环氧树脂的溶液黏度都随平均相对分子质量的增加而增大，且随相对分子质量分布的减小而降低。

⑥软化点

固体环氧树脂变软或发黏的温度称为软化点，一般随环氧树脂的相对分子质量的增加而升高。环氧树脂是聚合度不同的低聚物，没有明确的熔点，只有熔融的温度范围，因而称为软化点。

⑦挥发分

环氧树脂制造过程所用溶剂、水分的残留或少量小分子环氧化物的生成，都会使树脂有一定量的挥发分，对胶黏剂性能十分不利，会造成粘接制品起泡或气孔等弊端。挥发分常用质量分数表示。

⑧平均相对分子质量及其分布

由于环氧树脂是不同聚合度的同系分子的混合物，相对分子质量因聚合物中重复链节数的不同而不均。随着相对分子质量由低到高的变化，环氧树脂的形态从液态、黏稠态到固态，色泽多为淡黄色。环氧树脂相对分子质量大小和分布的宽窄，都对环氧树脂固化产物的机械强度、耐热性能有很大的影响。

(2)应用

环氧胶黏剂不仅具有优异的粘接性能,其他方面的性能也较均衡,能用于多种材料的粘接。在各个领域都得到了广泛的应用,已成为飞机、汽车、机械、电子等领域不可缺少的材料。

3. 改性环氧树脂胶黏剂

环氧树脂加上固化剂可以说是最简单的环氧树脂胶黏剂,有较高的抗拉强度和剪切强度,但脆性大、剥离强度低、冲击强度不高、耐热差,总体性能欠佳。若在环氧树脂胶黏剂中加入一些高分子化合物和填料进行改性,使之成为聚合物的复合体系,既有能形成交联结构的环氧树脂又有能增加韧性的增韧剂和提高耐热性的填料,可制得强度高、韧性和耐热性好的环氧树脂胶黏剂。

目前市场上供应的环氧树脂胶黏剂,大多数为橡胶、树脂和其他助剂改性环氧树脂胶黏剂。主要品种有环氧树脂-聚硫橡胶胶黏剂、环氧树脂-丁腈橡胶胶黏剂、环氧树脂-尼龙胶黏剂、环氧树脂-缩醛树脂胶黏剂、环氧树脂-酚醛树脂胶黏剂和环氧树脂-有机硅树脂胶黏剂等,常用改性环氧树脂胶黏剂的性能如下:

(1)环氧树脂-聚硫橡胶胶黏剂

液体聚硫橡胶又称液体多硫橡胶,是分子链两端具有硫基(—SH)的低相对分子质量黏稠液体。在环氧树脂胶黏剂中加入液体聚硫橡胶,既可提高胶层的弹性和韧性,又可提高其剥离强度。液体聚硫橡胶的用量对于固化速度和力学性能都有影响,一般用量为20%~40%(质量分数)。

(2)环氧树脂-丁腈橡胶胶黏剂

丁腈橡胶有固体和液体两种,液体比固体使用方便,效果也好,以端羧基液体丁腈橡胶(CTBN)最佳。环氧树脂胶黏剂中加入丁腈橡胶,可提高胶层的弹性、韧性、剥离强度和冲击强度。端羧基液体丁腈橡胶的用量一般为10%~25%(质量分数)。

(3)环氧树脂-尼龙胶黏剂

应用于改性环氧树脂胶黏剂的尼龙是聚尼龙和醇溶尼龙。聚尼龙是尼龙的二元或多元低熔点共聚物,应用较多的是三元共聚尼龙(牌号XAZ548),易溶于甲醇和苯的混合溶液。醇溶尼龙是羟甲基尼龙,由尼龙6或尼龙66与多聚甲醛反应生成。环氧尼龙胶黏剂的力学性能很好,剥离强度高达2.7 MPa,剪切强度大于45 MPa,有良好的耐低温性能,缺点是耐水性、耐湿热老化性较差。

(4)环氧树脂-缩醛树脂胶黏剂

缩醛树脂是聚乙烯醇缩醛树脂的简称,是热塑性线型高分子化合物,与环氧树脂的互溶性较好。由于缩醛树脂分子链中羟基的存在,故可与环氧树脂的羟基和环氧基发生醚化反应。常用的缩醛树脂有聚乙烯醇缩丁醛树脂和聚乙烯醇缩甲醛树脂,前者增韧效果明显,后者耐热性较好。环氧树脂缩醛树脂胶黏剂具有较好的韧性,较强的剥离强度、冲击强度和剪切强度。

(5)环氧树脂-酚醛树脂胶黏剂

酚醛树脂有较好的耐热性,用于环氧树脂改性的酚醛树脂一般是碱催化的甲阶钡酚醛树脂和氨酚醛树脂,都含有很多活泼的羟甲基($-CH_2OH$),能与环氧树脂的环氧基和羟基反应,增大了交联度。环氧树脂酚醛树脂胶黏剂具有很高的耐热性和良好的高低温循环性能,可以在200~260 ℃长期工作,也可以在280 ℃短期使用,是一种耐高温胶黏剂。缺点是脆性大,剥离强度差。

(6)环氧树脂-有机硅树脂胶黏剂

有机硅树脂是由氯硅烷经水解缩合制得的两端含有羟基的线型聚有机硅氧烷化合物。有机硅树脂和环氧树脂的互溶性好，在高温下有机硅树脂的羟基与环氧树脂的环氧基和羟基反应，形成高度交联的体型结构。

环氧树脂有机硅树脂胶黏剂也是一种耐高温的胶黏剂，可以在 300 ℃长期工作，400 ℃时能短期使用，并有较好的耐高低温性能耐水性、耐大气性和电绝缘性。

4. 脲醛树脂胶黏剂

脲醛树脂胶黏剂是以脲醛树脂为基料配制成的胶黏剂，简称脲醛胶。脲醛树脂胶黏剂是由尿素和甲醛在催化剂作用下缩聚成为脲醛树脂后，加上固化剂配合而成，分为液态和固态两种。液体的脲醛含量为 50%～70%(质量分数)，但不太稳定。使用固体粉末时需加入适当的水调和。

市场供应的脲醛树脂是一定含固量的液体或是固体粉末，用前加上固化剂和缓冲剂进行调配。脲醛树脂在加热时本身就能聚交联而固化，但这一过程往往需要较长的时间，为了适合生产要求，实际上都要加入固化剂，提高生产效率，保证胶合质量。

脲醛树脂胶黏剂的特点：

(1)含有大量的羟甲基和酰胺基，能溶于水，并有较好的粘接性能，粘接强度比动植物类胶黏剂高。

(2)在室温或加温至 100 ℃以上均能迅速固化，固化后的胶层没有颜色，不会污染所粘接的物品。

(3)合成简单、价格低廉。

(4)耐老化、耐光照性好，使用方便。

(5)缺点是耐水性差、脆性大，固化过程中易产生内应力而引起龟裂，固化时放出刺激性且有毒性的甲醛，储存稳定性不佳。

脲醛树脂胶黏剂主要用作木材胶黏剂，大量用于胶合板、地板、纤维板、刨花板、包装板、层压板和竹木制品的粘接制造，以及家具、包装箱、纺织器材、收音机和时钟木制外壳等的粘接。

脲醛树脂粘剂(脲醛胶)还可作改性处理，例如：

(1)在脲醛胶中加入 1/3 的聚醋酸乙烯或聚乙烯醇，可降低脆性，提高韧性。

(2)在脲醛胶中加入酚醛树脂、三聚氰胺甲醛树脂，或在固化剂中加入间苯二酚或三聚氰胺，可提高耐水性。

(3)加入增塑剂或填料，如木粉、淀粉、豆粉、酪酐等，可降低收缩性。

(4)脲醛胶中添加质量分数为 5%的甲醇，可增加其储存稳定性。

5. 不饱和聚酯胶黏剂

不饱和聚酯是由不饱和或饱和的二元酸(或酸酐)与饱和或不饱和的二元醇缩聚而成的线型高分子化合物，通常与乙烯类单体配合使用。习惯上把不饱和聚酯与乙烯类单体组成的混溶物，叫作不饱和聚酯树脂，简称为聚酯树脂。不饱和聚酯树脂加上引发剂、促进剂、改性剂、填料等，便组成了不饱和聚酯胶黏剂。

不饱和聚酯胶黏剂的优点是：

(1)黏度低，易浸润被粘接材料的表面。

(2)粘接强度较高，胶层硬度大。

(3)颜色较浅，透明性好。

(4)电绝缘性好。

(5)工艺性好，操作方便。

(6)室温或加温均能固化以及配制容易,价格低廉等优点。

不饱和聚酯胶黏剂的缺点是:

(1)胶层脆性大,抗冲击性差。

(2)固化时收缩率大,容易开裂。

(3)耐湿热老化性差等。

不饱和聚酯胶黏剂主要用于玻璃钢、聚苯乙烯、有机玻璃、聚碳酸酯、玻璃、陶瓷及混凝土等的粘接,也可用于电器灌注、制造大理石和代替塑料贴面等。

## 3.4 其他胶黏剂

1. 合成橡胶胶黏剂

用某些低分子化合物作原料,经过复杂的化学反应合成的高弹性体叫作合成橡胶,以合成橡胶为主体配制成的弹性胶黏剂称为合成橡胶胶黏剂或橡胶胶黏剂。有耐油、耐老化、耐腐蚀、耐磨和耐热等优点,适用于粘接软质材料,但粘接强度不高。

合成橡胶胶黏剂的品种较多,常用的有氯丁橡胶胶黏剂、丁腈橡胶胶黏剂聚硫橡胶胶黏剂、丁基橡胶胶黏剂、聚异丁烯橡胶胶黏剂、丁苯橡胶胶黏剂、硅橡胶胶黏剂、氯硫化聚乙烯橡胶胶黏剂和聚氨酯橡胶胶黏剂等。

2. 厌氧胶

厌氧胶又称绝氧胶、嫌气胶、机械胶或螺纹胶,是以丙烯酸酯类单体为主体,加入引发剂、促进剂和稳定剂组成的单液胶。丙烯酸酯类单体质量分数约为90%以上,主要是丙烯酸双酯、甲基丙烯酸双酯和甲基丙烯酸羟丙酯等。厌氧胶在使用时,必须隔绝氧气后才能起到固化、密封、粘接的效果。

厌氧胶的优点:

(1)单液型、黏度低,容易浸润、渗透。

(2)无溶剂、毒性小。

(3)不需称量、混合、配胶,使用方便。

(4)室温、低温固化,速度快,强度高。

(5)密封性好,耐高压(可达 29.4 MPa)。

(6)耐热、耐溶剂、耐酸、耐碱性能比较好。

(7)残胶容易清除,固化后可拆卸。

(8)适用广,储存稳定以及用途广等。

厌氧胶的缺点是:

(1)与空气接触的部分不固化而且发黏,需要清除。

(2)固化速度和粘接强度与被粘物性质有关,对钢铁、铜等活泼金属的粘接固化快、强度高,而对铬、锡、不锈钢等惰性金属和玻璃、陶瓷、塑料等非金属材料的粘接固化速度慢、粘接强度低。

(3)不适宜大缝隙和多孔材料的粘接与密封等。

厌氧胶主要用来粘接螺母和螺栓,进行锁固和密封,作为固定剂很少用于结构粘接。用厌氧胶固定圆柱形零件,不需要精密的公差配合,既方便又经济,正在得到日益广泛的应用。对于滑动固定、压力固定、收缩固定的零件装配,使用厌氧胶其强度可提高70%~80%。

## 小　　结

1. 胶黏剂简称胶是由于表面的黏附、内聚与键合作用，将两种或两种以上同质或异质的材料连接在一起，固化后具有足够强度的天然或合成、无机的一类物质。

2. 胶黏剂的特性：粘接时应呈现液态；能够充分润湿被粘物表面；能通过固化或凝聚、从液态向固态转变，形成坚韧的固体胶层或凝胶胶层；固化后有一定的强度和力学性能，可以传递应力、抵抗破坏；能够经受一定的时间考验。

3. 胶黏剂常用的分类方法：

(1)按来源分类，可分为天然胶黏剂和合成胶黏剂。由合成树脂为主要原料配制而成的胶黏剂称为合成树脂胶黏剂。

(2)按用途分类，可分为结构胶黏剂、非结构胶黏剂、特种胶黏剂三大类。

(3)按胶黏剂固化后胶层的特性分类，可分为热塑性胶黏剂和热固性胶黏剂。

(4)按胶黏剂基料物质分类，可分为无机胶黏剂、天然胶黏剂和树脂型胶黏剂。无机胶黏剂广泛应用于机械制造与维修业。一般用来粘接切削刀具、量具模具和砂轮制品，其工艺简单、生产成本低。

4. 天然胶黏剂的主要组成黏料来自天然，如虫胶、动物胶、淀粉、糊精和天然橡胶等。天然胶黏剂的原料易得、价格低廉、低毒无害、使用方便，广泛用于粘接木材、棉织物、纸张、皮革和玻璃等。

5. 动物胶是动物皮和骨中的主要蛋白质胶原蛋白的水解产物。动物胶黏剂有骨胶、明胶、皮胶、鱼鳔胶、酪朊胶、血朊胶和虫胶等。动物胶黏剂的优点是无毒、价格低廉、使用方便、耐油，对木材和织物有较高的粘接强度，其缺点是耐水性差，易变质生霉。

6. 矿物胶黏剂有沥青胶黏剂、地蜡胶黏剂、石蜡胶黏剂、硫黄胶黏剂和辉绿岩胶黏剂等。

## 思考与练习

**一、填空题**

1. 由于表面的黏附、内聚与键合作用，能够将两种或两种以上同质或异质的材料连接在一起，固化后具有足够强度的天然或合成、无机的一类物质，被称为________。

2. 胶黏剂按来源分类，可分为________胶黏剂和________胶黏剂。

3. 胶黏剂按用途分类，可分为________胶黏剂、________胶黏剂和________胶黏剂三大类。

4. 由合成树脂为主要原料配制而成的胶黏剂称为________。

5. 环氧树脂胶黏剂的基本成分是________和________。

**二、问答题**

1. 胶黏剂的特性有哪些？

2. 胶黏剂的种类有哪些？

3. 植物胶黏剂主要有哪些？

4. 矿物胶黏剂有哪些？ 主要用于什么场合？

5. 什么是无机胶黏剂？ 有哪几种？ 主要用于什么场合？

6. 什么是合成树脂类胶黏剂？有哪几种？
7. 什么是环氧当量？环氧当量、环氧值和环氧质量分数三者的关系是什么？
8. 什么是羟值？什么是羟值当量？二者之间的关系是什么？
9. 什么是环氧树脂的黏度？它随温度的影响如何变化？
10. 不饱和树脂胶黏剂的优点有哪些？缺点有哪些？
11. 什么是合成橡胶黏剂？有什么优点？
12. 厌氧胶有什么特点？主要应用什么场合？

# 知识点4　粘接设备管理与维护

## 学习目标

1. 清楚注胶机的组成和工作原理。
2. 清楚粘接设备的日常保养工作。
3. 掌握手动胶枪、气动胶枪的使用和日常维护工作。
4. 了解注胶机的使用和日常维护工作。

## 相关知识

设备是企业中长期使用，且在使用过程中基本保持其实物状态，价值在一定限额以上的劳动资料和其他物质资料的总称。设备管理是依据企业的生产经营目标，通过一系列的技术、经济和组织的措施，对设备寿命周期内的所有设备物质运动状态和价值运动状态进行的综合管理工作。

设备管理水平的高低对企业有很大影响：

(1)直接影响企业活动的均衡性。

(2)直接关系到企业产品的产量和质量。

(3)直接影响着产品制造成本的高低。

(4)关系到安全生产和环境保护。

(5)影响着企业生产资金的合理使用。

设备管理的主要内容包含：依据企业经营目标及生产需要制定设备规划；选择、购置、安装、调试、验收所需设备；合理使用和维修保养；适时改造、调拨和更新报废；合理的经济管理（如合理筹集、使用资金、计提折旧、费用核算等）；制度管理。

设备的使用时长是设备寿命周期中所占时间最长的环节。合理使用设备可以减少设备的磨损，提高设备利用率，发挥设备效益。

在合理使用设备过程中，应注意：

(1)提高设备利用率，实现设备满负荷运转。

(2)严格操作程序，保证设备精度。

(3)为设备创造良好的工作环境和条件。

(4)合理配备操作工人。

(5)建立健全设备使用工作制度。

设备维护保养是人们为保持设备正常工作以及消除隐患而进行的一系列日常保护工作。按工作量大小和维护广度、深度可以分为：

(1)日常保养：重点对设备进行清洗、润滑、紧固、检测状况。由操作人员进行。

(2)一级保养：普遍地进行清洗、润滑、紧固、检查，局部调整。操作人员在专业维修人员指导下进行。

(3)二级保养:对设备局部解体和检查,进行内部清洗、润滑,恢复和更换易损件。由专业维修人员在操作人员协助下进行。

(4)三级保养:对设备主体进行彻底检查和调整,对主要零部件的磨损检查鉴定。由专业维修人员在操作人员配合下定期进行。

## 4.1 手动胶枪的使用和维护

胶枪是一种打胶(或挤胶)的工具,广泛应用于建筑装饰、电子电器、车辆部件、船舶及集装箱等行业。按照作用力不同可以分为手动胶枪、气动胶枪和电动胶枪。

1. 手动胶枪

手动胶枪是一种操作者用手力按动扳手实现打胶的工具,如图 A-4-1 所示。因是人力手工操作,效率偏低。

2. 手动胶枪使用方法

(1)一手按下胶枪后部的开关,另一只手拉出枪栓。

(2)准备好要涂打的胶,并按要求制作胶配套胶嘴的出胶口。

(3)把拧好胶嘴的胶平放到胶枪内。

(4)按下胶枪后面的开关,把枪栓向前推,固定住胶管。

(5)把胶嘴对准需要打胶的位置。

(6)用力扣动胶枪的扳机,把胶注到需要的位置。

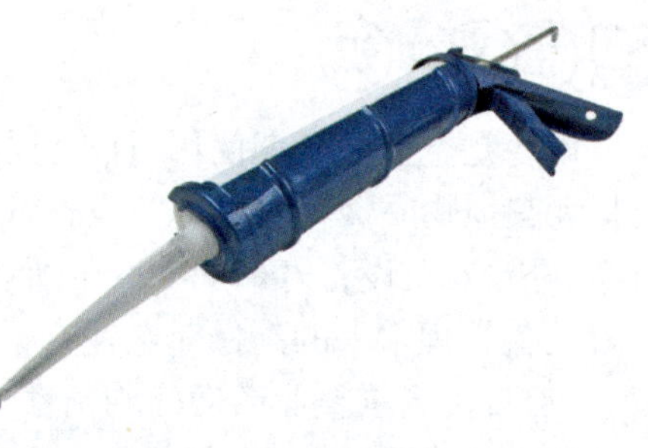

图 A-4-1　手动胶枪

3. 手动胶枪维护方法

(1)胶枪不好使用,出胶困难:更换合格胶枪。

(2)胶枪未清洗干净,胶固化堵塞:更换胶或胶嘴。

(3)胶的黏度不合适:若胶黏度过大,阻力增加,出胶不连续或打不出胶来,需重新选择符合要求的胶。

(4)胶嘴开口过小:将胶嘴的口剪大一些。

4. AB 胶枪

AB 胶枪包括枪体、AB 储料、连体筒(AB 胶筒)、混合嘴。使用时只需在胶筒中分别装入胶水的 A、B 两组分,再接上混合嘴即可,操作与手动胶枪的使用方法一致。AB 胶枪的优点有:

(1)胶枪与二液混合设备相比较,购买成本低,同时能达到配比、自动混合、定量推出的要求。

(2)特殊材质,不易断裂,使用时只需装入带胶水的 AB 胶筒,再接上混合嘴即可,操作非常简单,且体型较小,轻巧耐用,符合人工点胶的需求。

(3)一把胶枪适用于四种比例的胶水,如果需要更换胶水比例,一把胶枪同样能满足要求,只需更换一个推动器即可,不会浪费资源,可以循环利用。

(4)便捷式 AB 胶枪适用各种 AB 胶的少量自动搅拌、点滴,能彻底解决双组分胶黏产品混合不均匀的难题,应用于所有二液混合材料,例如:环氧树脂、硅胶 AB 胶等。

(5)系统操作灵活,简单易用,能够节省材料同时提高生产效率。

(6)AB胶枪是市场上面设计最严谨,手感最人性化,打胶最顺畅和省力的胶枪。以其小巧灵便、经久耐用而闻名于世。

## 4.2　气动胶枪的使用和维护

1. 气动胶枪

气动胶枪是一种需要接压缩空气气源,利用空气去推动胶的底部实现打胶的工具,如图A-4-2所示。打胶过程中可通过调节气压控制出胶的量。一般工厂生产流水线上配备有压缩空气气源(通过气管来自工厂的空压站或空压机)。单只气动胶枪用气量不大,若无压缩空气气源可配一小型空压机(也称气泵)即可工作。市面上优质的气动胶枪配有消声器,噪声低于70 dB,适用于室内要求安静的工作场合,亦可调节气压,更好的控制出胶的量。

图A-4-2　气动胶枪

2. 气动胶枪使用方法

(1)空气连接:将连通压缩空气的气管与胶枪连接。

(2)准备好要涂打的胶,并按要求制作配套胶嘴的出胶口。

(3)卸掉胶枪前盖,把胶平放到胶枪内,将胶往里推,直到推不动为止,然后再拧紧前盖。

(4)把胶嘴对准需要打胶的位置。

(5)扣动胶枪扳机,胶枪内会形成一股压缩空气气流,气流带动胶质打出,把胶注到需要的位置。

(6)松开扳机,胶质停止打出。

3. 气动胶枪使用的注意事项

(1)与胶枪连接的压缩空气压力不能超过1 000 kPa。

(2)一定要先卸压缩空气,再卸胶枪。

(3)确保胶枪的无害操作。使用后,按照密封胶生产商推荐的溶剂除尽残留物(不允许将胶枪浸入溶剂中)。

(4)如果空气从扳机阀处缓慢溢出,抽气阀会明显失效。如果出现此种情形,尽快更换垫圈。

(5)使用期间,必须保证前盖绝对紧密。

(6)勿将枪口对准人,防止误伤他人。

(7)使用所有气动工具时,建议佩戴护目镜。

4. 气动胶枪维护方法

(1)胶枪不出胶

①气源工作压力是否过低,应适当调整压力阀,提高工作压力。

②胶枪未清洗干净，胶固化堵塞通道，此时，必须清理疏通通道。

(2)胶枪漏气

①黏度不合适：若黏度过大，阻力增加，出胶不连续或打不出胶来，要选择符合要求的胶。

②进气口漏气：气泵和胶枪接气口连接密封程度不够，可选择换接头或将气管连到胶枪接气口，并固定。

③枪体漏气：可将螺丝卸下，重新装上，再将螺丝拧紧。或用玻璃胶密封一下，严重漏气，需要更换胶枪。

④枪管前端漏气：胶过长，导致前盖不能拧紧，或本身前盖未拧到位。

⑤枪后端漏气：密封圈损坏，需更换。

(3)特别注意确保胶枪内没有任何残留物。

(4)保持内部密封和活塞润滑。

## 4.3 注胶机的使用和维护

1. 注胶机的结构

注胶机的结构如图 A-4-3 所示。它由气动马达、喉部油杯、压盘、排气口、补气阀、升降气缸、空打保护阀、换向阀组成。

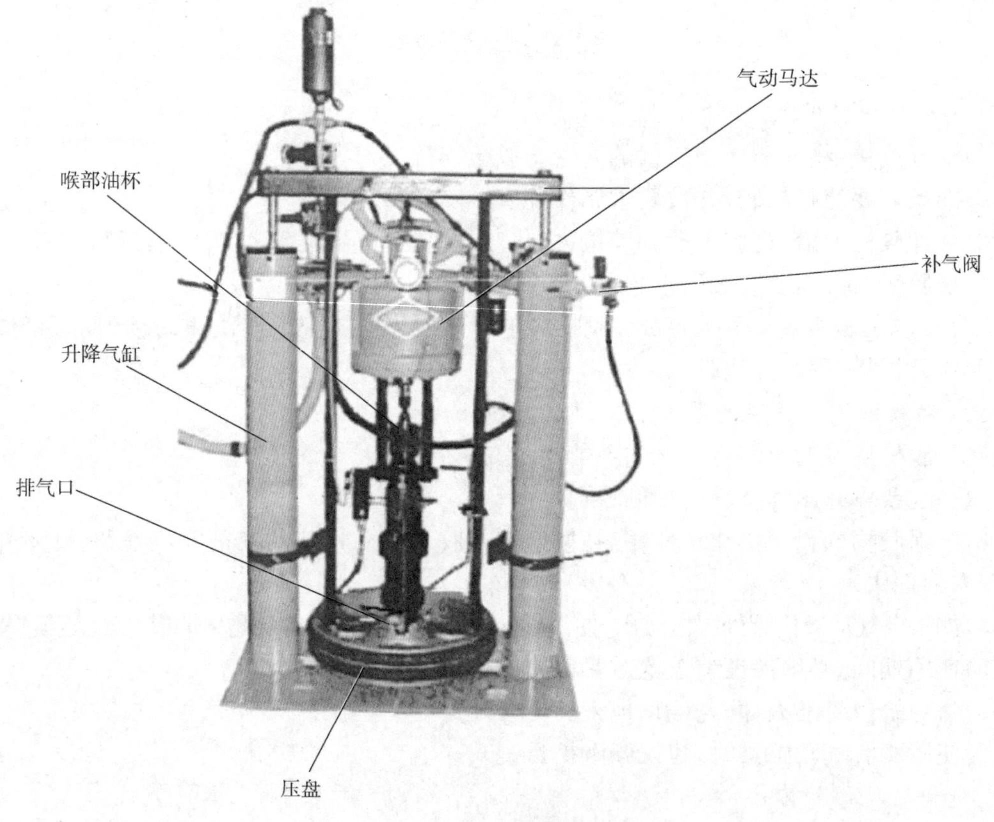


图 A-4-3 注胶机的结构

2. 注胶机的工作原理

注胶机工作时,气动马达带动下泵体活塞杆往复上下运动来实现供胶。由提胶板把桶内的胶经过止回阀送到储料罐,不停地往复运动,由于止回阀的作用造成储料罐内压力不断增大,最终顶开储料口的止回阀,胶体进入出料口。

3. 注胶机的使用方法

(1)开机准备

①打开主管路空气阀。

②检查泵体各气压表压力符合工艺要求(一般应为 4.5～6.5 MPa)。

③检查桶内胶状态并及时更换。

④检查各控制阀状态是否符合工艺要求。

(2)注胶机操作

①打开主路空气球阀。

②压盘升降器的升降阀置于"向下"的位置。

③打开马达的供气开关。

④打开泵的出口管路处涂胶枪的阀。

⑤把胶嘴对准需要打胶的位置。

⑥扣动胶枪扳机,把胶注到需要的位置。

⑦松开扳机,胶停止打出。

(3)更换胶桶

①准备好需要更换的胶桶,并确保胶的型号符合工艺要求。

②将柱塞泵控制阀置于"中间"位置,并关闭气马达供气开关。

③打开补气阀。

④按下提升控制阀,压盘便缓慢提升。

⑤待泵即将离开胶桶时,将立柱升降控制阀置于"向上"位置,气压应为 2～3 MPa。

⑥泵升至顶点后,取下空桶。

⑦将新胶桶就位。

⑧将压盘的排气阀打开。

⑨将立柱升降控制阀置于"向下"位置,气压约为 2 MPa,压盘缓慢进入胶桶。

⑩当压盘接近胶面有胶溢出时,将升降控制阀置于"中间"位置。

⑪打开排气阀,确认气压符合工艺要求。(一般为 6 MPa)

⑫打开溢流阀,关闭供胶管路上的阀。

⑬打开气动马达进气阀,泵开始工作。

4. 注胶机的维护方法

(1)每天

①确保油杯中的润滑油保持在规定容量的 2/3 处。

②必要时清除油杯中渗出的物料。

③每次换桶时,润滑压盘密封圈。

④确保各压力表数值符合工艺要求。

⑤泵开启后,检查是否有异响。

(2)每周

①检查油雾器中润滑油的量,并及时添加。

②检查压盘密封圈有无损坏,并及时更换。

(3)每月

①检查空气过滤器,并及时更换损坏的滤芯。

②检查气阀和气马达,并及时更换损坏的垫片。

## 小　结

设备管理是依据企业的生产经营目标,通过一系列的技术、经济和组织的措施,对设备寿命周期内的所有设备物质运动状态和价值运动状态进行的综合管理工作。

设备管理的主要内容包含:依据企业经营目标及生产需要制定设备规划;选择、购置、安装、调试、验收所需设备;合理使用和维修保养;适时改造、调拨和更新报废;合理的经济管理(如合理筹集、使用资金、计提折旧、费用核算等);制度管理。

胶枪是一种打胶(或挤胶)的工具,广泛应用于建筑装饰、电子电器、车辆部件、船舶及集装箱等行业。按照作用力不同可以分为手动胶枪、气动胶枪和电动胶枪。

手动胶枪是一种操作者用手力按动扳手实现打胶的工具。

气动胶枪是一种需要接压缩空气气源,利用空气去推动胶的底部实现打胶的工具。

## 思考与练习

**一、填空题**

1. ________是人们为保持设备正常工作以及消除隐患而进行的一系列日常保护工作。按工作量大小和维护广度、深度可以分为________、________、________、________。

2. 胶枪是一种的工具,按照作用力不同可以分为________、________和________三类。

3. 注胶机的使用分________、________、________三步。

4. 气动胶枪是一种需要接压缩空气气源,利用________去推动胶的底部实现打胶的工具。

5. 日常保养,重点对设备进行________、________、________、________,由操作人员进行。

6. 注胶机工作时,________带动下泵体往复上下运动来实现供胶。

7. 注胶机开机前检查泵体各气压表,压力一般应为________～________ MPa。

**二、思考题**

1. 如何使用手动胶枪?

2. 如何维护手动胶枪?

3. 气动胶枪的使用方法是什么?

4. 气动胶枪的使用注意事项是什么?

5. 气动胶枪不出胶的原因是什么?

6. 注胶机的工作原理是什么?

7. 注胶机开机前应做哪些工作?

8. 注胶机每天应做哪些维护保护?

# 知识点 5 动车组粘接工艺

## 学习目标

1. 了解粘接常用的工具设备。
2. 掌握动车组常用的遮蔽材料及其作用。
3. 掌握待粘接件表面的处理方法。
4. 掌握粘接的工艺过程及其注意事项。
5. 掌握影响粘接固化的主要因素。
6. 了解粘接过程中的缺陷并能分析出导致缺陷的原因，能对其进行有效处理。

## 相关知识

### 5.1 粘接常用工具设备和遮蔽材料

粘接是用胶黏剂将两种基材连接起来的一种技术。为了简化操作工艺、优化粘接性能以及使产品质量达到更高的等级要求，常会用到很多的工具设备及遮蔽材料。

1. 常用工具设备

(1)预处理工具设备

由于胶黏剂的特殊性质，在较强紫外线、较高温度及其他工作条件下易导致胶层老化，使得接头的连接性能降低甚至失去强度，因此对粘接过程中的一些重要因素(如人、机、料、法、环、测)和重要参数(如环境要素、工艺参数等)的控制显得尤为重要。一般可通过环境的检测和调节来保证现场的环境要素符合要求，常用的工具设备有：温湿度仪(图 A-5-1)、空调、加湿器、除湿机等。

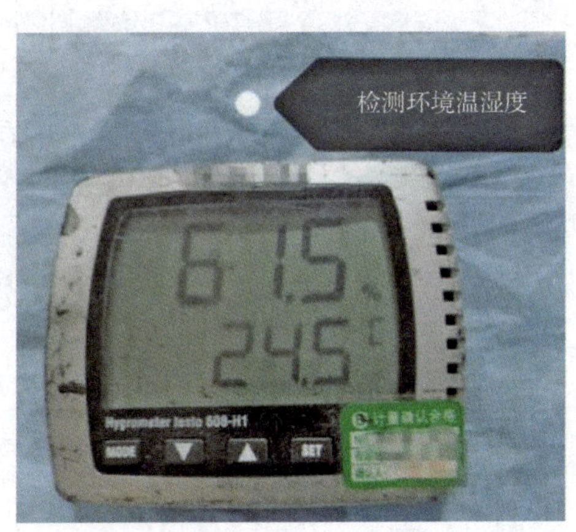

图 A-5-1 温湿度仪

粘接操作过程中的环境因素(如湿度、温度和清洁度等)对胶接件的质量影响极大。环境空气湿度越大，被粘物表面越易吸附水分，胶黏剂对被粘物表面的浸润性下降，胶接件易出现界面破坏现象。对溶剂型胶黏剂而言，湿度越大，涂胶后溶剂越不易挥发，胶接件的粘接强度会下降；空气过分干燥，也不利于胶接件粘接强度的提高。因此，为保证粘接质量，工作场地应整洁并具有良好的通风和照明，温度保持在 10 ℃≤$T$≤35 ℃，相对湿度≥40%，准备区域(清洗或磨光)应与粘接场地间隔开(无尘的工作环境)，配备好稳定的工作台。

(2)粘接工具设备

粘接过程中为使操作者作业简单,工作效率提升。常用的工具(工装)设备有:机械臂(吊运工具)吸盘(图 A-5-2)、注胶机(图 A-5-3)、气动或电动胶枪(图 A-5-4)等。

动车组粘接工艺中机械臂吸盘一般用于玻璃的定位,例如侧窗玻璃的粘接。使用注胶机或胶枪在车体窗框四周均匀涂打胶,操作机械吸盘吸起车窗,缓慢压在窗框的粘接胶上,轻微移动吸盘调整车窗位置,确保周边缝隙和平面度符合粘接工艺要求。

(3)辅助工具

为确保粘接工艺的最佳效果,需要采用专门的工装进行处理。常用的工具设备有:吸尘器、直(角)尺、塞尺、扭力扳手(图 A-5-5)等。

图 A-5-2 机械臂吸盘

图 A-5-3 注胶机

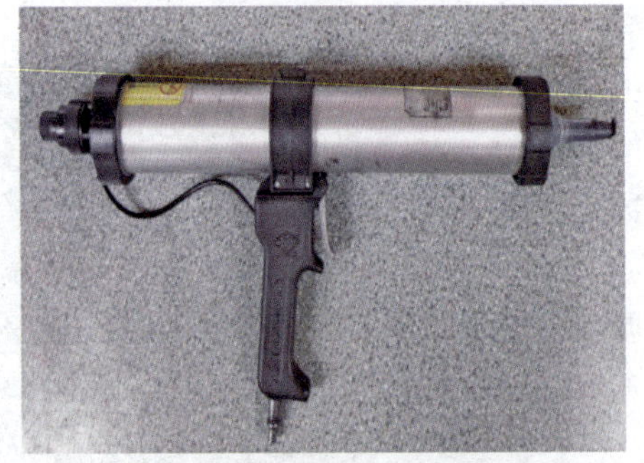

图 A-5-4 气动胶枪

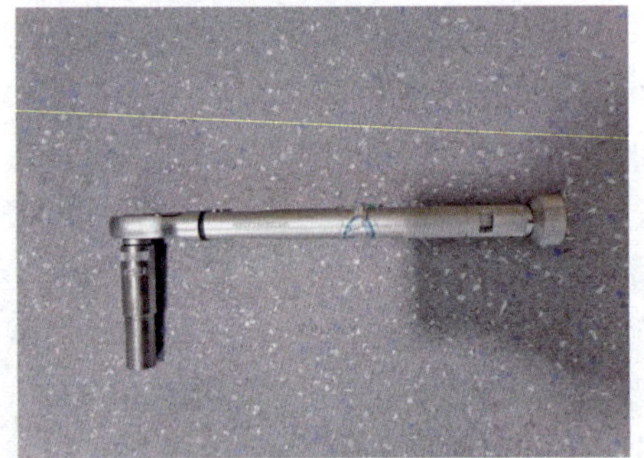

图 A-5-5 扭力扳手

2. 遮蔽材料

遮蔽材料主要起遮挡、防护不需要粘接的部位,防止粘接过程中被胶黏剂污染。常用的遮蔽材料主要是防护胶带纸,如图 A-5-6 所示。防护胶带纸的特点是无吸收性、抗扯且光滑。例如为了防止胶黏剂挤出污染玻璃及车体,在车体、玻璃非粘接表面距粘接胶溢出较近的区域,贴上一圈防护胶带纸,如图 A-5-7 所示。纸胶带要压实、平直、圆弧过渡粘贴。

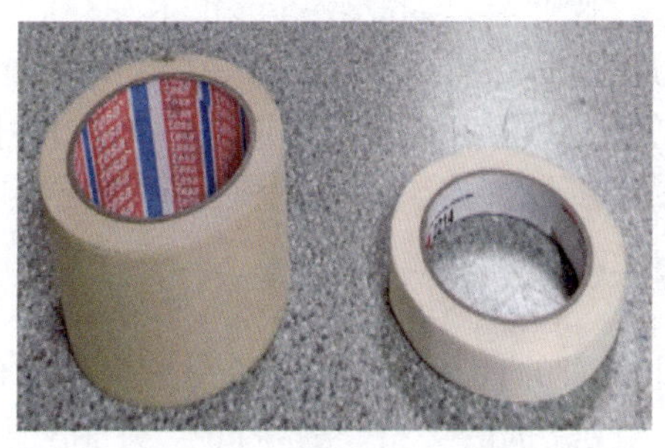

图 A-5-6　防护胶带纸

图 A-5-7　车体及玻璃贴防护胶带纸

## 5.2　待粘接件表面状况

1. 待粘接件表面状况分析

在粘接之前首先要检查车体以及玻璃的外观。例如车体是否有磕碰、变形，油漆是否有裂纹、划伤，玻璃是否有划痕等，不合格品粘接后返工比较困难。在做粘接前的准备工作时，要仔细检查物料、待粘接件表面(粘接密封区域)的状态，待粘接件表面状态的好坏直接影响到粘接性能。要使粘接强度和耐久性提高，就要求待粘接件表面状态达到最佳值，使得胶黏剂对待粘接件表面实现完全浸润而获得最佳的粘接强度。以下是动车组装配线上待粘接件表面常见的几种状况：

(1)运输中会在待粘接件表面留下污染层(油污、灰尘、指纹等)，如图 A-5-8 所示。

(2)待粘接件暴露在空气中会有吸附层(空气中的湿气)。

(3)金属(合金)材料易发生氧化(氧化层、锈)。

(4)待粘接件表面的表面粗糙度(毛刺)。

(5)待粘接件粘接密封区域上有油漆、腻子。

图 A-5-8　基材表面的污染物

待粘接件的表面存在很多影响粘接质量的因素，这些因素对粘接性能很不利，粘接之前应尽量去避免。再者，在粘接之前，待粘接的两基材应同温放置 8 h 以上，若待粘接件两者不同温，清洁活化剂挥发时间会不同，胶黏剂在两者接触的粘接面上分子扩散和固化速度也不同，影响粘接性能。对待粘接件而言，若要获得好的粘接性能，待粘接件表面的状态显得至关重要。

2. 待粘接件的表面处理

结合待粘接件表面的几种状况分析，待粘接件表面的处理方法主要有表面清洁、去油、除锈、粗化和表面活化等。根据待粘接件的表面状态、胶黏剂的类型、粘接性能要求和使用条件，确定用于表面处理的具体方法，可单独用某一种、两种或者多种相结合使用，通过表面处理可提高待粘接件的粘接强度，增加界面作用力。

(1)表面清理

待粘接件表面可以使用水、刷子、棉纱、干布、压缩空气等进行初步除污垢、灰尘、沙子、油和其他污染物。含有旧涂料的表面可以通过机械方法、喷灯火焰法、碱液清洗法或溶剂法去除表层污染物。

(2)脱脂

脱脂是指去除待粘接件表面的油污。常在去除粗糙之前进行，常用的方法有溶剂脱脂、碱液脱脂、乳液脱脂和电化脱脂等。溶剂脱脂常采用易挥发的有机溶剂，例如丙酮、无水汽油、乙醇等，具有除油速度快、简单方便、无腐蚀等优点，但除油不够彻底；碱液脱脂一般用氢氧化物、碳酸钠、硅酸钠、磷酸三钠和乳化剂等稀碱溶液，只适用于清除动、植物油，不能清除矿物油；乳液脱脂是利用乳液除油剂的乳化作用使油脂被除去；电化脱脂是在碱性电解液中进行，特点是除油效率高，除油彻底。

(3)除锈、粗化

常用的除锈、粗化方法有手工法、机械法和化学法。手工法使用的工具主要有砂布、砂纸、刮刀、油石等；机械法常采用车床、铣床、刨床、钻床、磨床以及喷砂机等机械设备来进行；化学法是使金属表面锈层在酸性或碱性溶液中发生化学反应而被去除，化学法特别适用于小型件和结构复杂件的处理。

(4)表面活化

①化学处理

化学处理是让待粘接件表面在酸性或碱性的溶液中起化学反应来使表面活化或钝化，形成具有好的内聚强度的氧化层，以此来提高粘接强度和耐久性。适用于粘接性能要求比较高的场合，化学处理工序应安排在表面脱脂之后进行。表 A-5-1 是一些材料的表面化学处理方法。

②偶联剂处理

在脱脂、除锈、粗化后的表面上涂敷一薄层低浓度的偶联剂的水或非水溶液，干燥后再涂胶黏剂，可显著提高粘接强度、耐水性、耐热性等。

偶联剂是一种有机硅烷化合物，它的分子一般都含有两部分性质不同的基团。一部分基团经水解后能与无机物的表面很好的亲和，另一部分基团能与有机树脂结合，从而使两种不同的材料“偶联”起来。

偶联剂在使用时，应注意它与所用胶黏剂间的反应性与相容性，配制成低浓度水溶液时，要尽快用完，否则会失去其效用。在具体使用上可以配制成 1%～2%的偶联剂无水乙醇溶液，涂敷后 70～80 ℃干燥 20～30 min，也可配制成 1.2%的偶联剂水(蒸馏水)溶液，涂敷后 120～130 ℃干燥 20～30 min。

**表 A-5-1　常用材料的表面化学处理**

| 待粘材料 | 脱脂溶剂 | 处理方法 | 备注 |
| --- | --- | --- | --- |
| 铝及铝合金 | 三氯乙烯、丙酮、乙酸乙酯及高级汽油均可 | 脱脂后在下述溶液中，于 60～65 ℃下处理 15～25 min：重铬酸钾 15 g，浓硫酸 54 g，蒸馏水 54 g。水洗、干燥 | 处理后表面呈灰白色，能提高粘接强度 |
| | | 在下述溶液中，于 90～100 ℃下处理 20 min：碳酸钠 50 g，重铬酸钠 15 g，氢氧化钠 2 g，蒸馏水 1 000 g。水洗、干燥 | 处理后表面呈灰白色，能提高粘接强度 |
| | | 脱脂后在下述溶液中，于 66～68 ℃下处理 10 min：浓硫酸 10 g，重铬酸钠 1 g，蒸馏水 30 g，66～68 ℃下 10 min。水洗、干燥 | 适用于酚醛胶黏剂效果良好 |
| | | 在下述溶液中，于 20 ℃下处理 3～5 s：硝酸(67%) 30 g，纵氟酸(42%)10 g。水洗，干燥 | 适用于铸铝件 |
| 铜与铜合金、黄铜、青铜 | 三氯乙烯、丙酮、甲乙酮、乙酸乙酯均可 | 在下述溶液中，于 20～25 ℃下处理 1～2 min：浓硝酸 30 g，三氯化铁 15 g，蒸馏水 200 g。水洗，干燥 | 表面呈淡灰色 |
| | | 在下述溶液中，于 20～ 25 ℃下浸泡处理 5～10 min：浓硫酸 10 g，蒸馏水 85 g。水洗，干燥 | 处理后表面呈亮黄色 |
| | | 在下述溶液中，于 25～30 ℃中浸蚀 1 min：浓硫酸 8 mL，浓硝酸 25 mL，水 17 mL。水洗，50～60 ℃干燥 | 有较好粘接强度 |
| | | 在下述溶液中，于 60～70 ℃下浸蚀 10 min：浓硫酸 19 g，硫酸亚铁 12 g，水 100 g。水洗，60～70 ℃ 干燥 | |
| | | 在下述溶液中，于 25～30 ℃下处理 5 min：三氧化铬 40 g，浓硫酸 4 g，水 1 000 g。水洗，干燥 | |
| 不锈钢 | 三氯乙烯、丙酮、甲乙酮、苯及乙酸乙酯均可 | 在下述溶液中，于 50 ℃下浸泡 10 min：重铬酸钠 7 g，浓硫酸 7 g，水 400 g。水洗，干燥 | 处理后表面呈灰白色 |
| | | 在下述溶液中，于 65 ℃下处理 10 min：浓盐酸 100 g，甲醛(37%)20 g，过氧化氢(30%)4 g，水 90 g。水洗，干燥 | |
| | | 在下述溶液中，于 63 ℃下处理 10 min：甲醛(37%) 30 g，过氧化氢(30%)20 g，水 50 g。水洗，干燥 | |
| | | 脱脂后在下述溶液中，于室温浸泡 10 min：浓硝酸 20 g，氢氟酸(40%)5 g，水 75 g。水洗，70 ℃干燥 | |
| 软钢、铁及铁基合金 | 三氯乙烯、苯、丙酮、汽油、乙酸乙酯、无水乙醇均可 | 在下述溶液中，于 20 ℃下浸泡 5～10 min：盐酸(37%)100 g，水 100 g。水洗，干燥 | |
| | | 在下述溶液中，于 71～77 ℃下浸泡 10 min：重铬酸钠 4 g，浓硫酸 10 g，水 30 g。水洗，烘干 | |
| | | 在下述溶液中，于 60 ℃下浸泡 10 min：磷酸(88%) 20 g，酒精 20 g。水洗，烘干 | |
| | | 在等量的浓硫酸与甲醇混合液中，于 60 ℃下处理 10 min。水洗，干燥 | |

续上表

| 待粘材料 | 脱脂溶剂 | 处理方法 | 备注 |
| --- | --- | --- | --- |
| 锌及锌合金 | 三氯乙烯、丙酮、乙酸乙酯、汽油及无水乙醇 | 在下述溶液中，于室温下处理 5～10 min：浓硫酸 5 g，水 95 g 和混合液 | |
| | | 脱脂后，在下述溶液中，于室温下浸泡 3～5 min：37% 盐酸 20 g，水 80 g。水洗，干燥 | |
| | | 在下述溶液中，于 38 ℃下浸泡 4～6 min：浓硫酸 20 g，重铬酸钠 10 g，水 80 g。水洗，40 ℃干燥 | |
| | | 在下述溶液中，于 20 ℃下浸泡 10～15 min：浓硫酸 10 g，硝酸(相对密度 1.41)20 g，水 450 g。水洗，干燥 | |
| 镁及镁合金 | 三氯乙烯、丙酮、乙酸乙酯及甲乙酮均可 | 在下述溶液中，于 75～85 ℃溶液中处理 10 min：三氧化铬 10 g，水 40 g。水洗，干燥 | |
| | | 在下述溶液中，于 70 ℃溶液中处理 5～10 min：氢氧化钠 30 g，水 450 g。水洗，干燥 | |
| 铬 | 三氯乙烯、丙酮、汽油、乙酸乙酯均可 | 在下述溶液中，于 90～95 ℃下浸泡 1～5 min：37%的盐酸 20 g，水 20 g。水洗，吹干 | |

偶联剂处理后表层会形成一薄层氧化膜，最好马上涂胶不要放置过久。因空气中的水分会使被粘物表面结成一薄层，极大地影响粘接强度。若不能马上粘接时，可在表面处理后立即涂上底胶，这样可有效防止表面被污染或腐蚀。粘接表面的处理，一般经过表面清理、脱脂除油、除锈、粗化，再用无机溶剂除油后进行粘接。对于质量较高的粘接，还需偶联剂处理或脱脂除油后进行化学处理，然后再进行粘接。偶联剂处理法简单可行，效果突出，值得广为采用。

## 5.3 待粘接金属的表面处理

待粘接金属表面的处理目的是使金属表面具有良好的浸润性能和粘接效果。在进行待粘接金属表面的处理时，可按照下列步骤来完成。

1. 待粘接金属的表面清洗

表面清洗的作用在于除去金属表层的污染层、氧化层。待粘接金属件在经过储存、机械加工后，常会在原始结构层外表面存在有污染层、氧化层，粘接前应对其表面进行处理。动车组常用异丙醇(图 A-5-9)清洁去除污染层。在清洁时须需注意应沿同一方向擦拭，不可往复擦拭，擦拭干净后须将待粘件静置等待一段时间再进入下道工序。

2. 机械处理

机械处理有利于金属表层的污染层、氧化层的深入去除，使得金属表层形成一定的粗糙度。表面粗糙化有利于提高胶黏剂对表面的浸润程度，增加胶黏剂与被粘物的接触点密度，有利于提高粘接强度。常用的机械处理方法有钳工刮削、刨削或用喷砂、砂布、砂轮打磨以及钢丝刷、粗锉打磨等。

动车组常用的处理方法是用砂纸(图 A-5-10)打磨，用此法去除金属表面的非粘接层。用砂纸(80 目、240 目)沿着 45°方向十字交叉打磨,不能随意或往复打磨,直至打磨到金属本色为止。金属表面打磨完成后紧接着用吸尘器将粉尘、粉末吸净,待粘接密封区域不可留下粉尘颗粒,随后再次用异丙醇清洁干净。

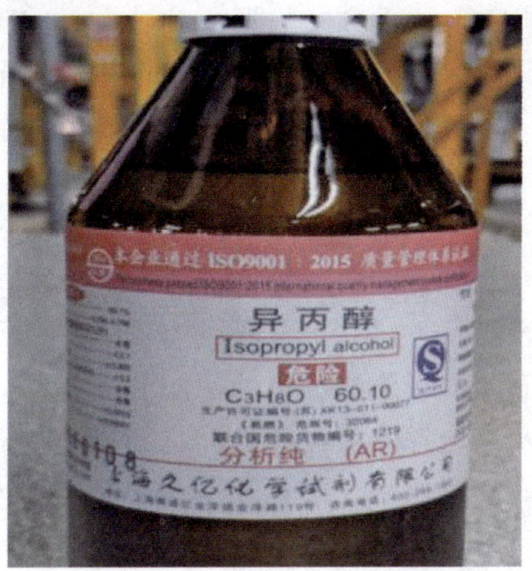


图 A-5-9 异丙醇

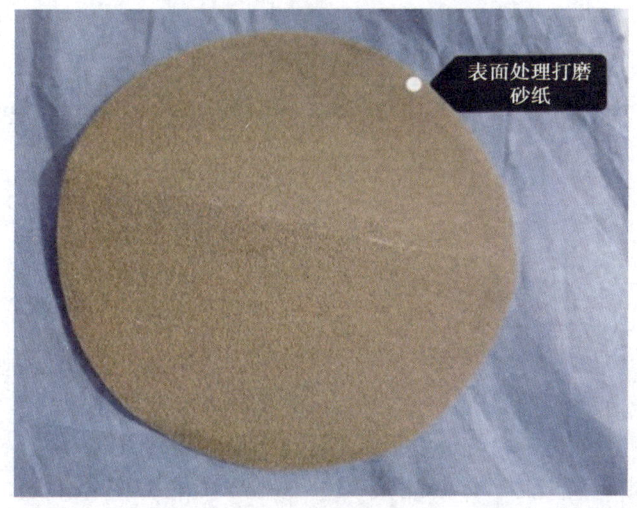


图 A-5-10 砂纸

3. 活化处理

活化剂一般是低分子量分散剂,具有改性作用。采用活化剂进行活化处理时,用无纺布沾湿少量活化剂,沿单一方向擦拭被粘物表面,不能来回往复擦拭,使得粘接密封区域表面覆盖一层薄膜,随后等待挥发晾干。活化剂的使用能改善基材的浸润度,有效提高黏结力。活化剂使用时量要适当,不可过多。

4. 涂刷底涂

底涂是一种黏度很小可以均匀涂敷在基材表面的液体。它是一种可以把基材和胶黏剂很好的粘接在一起的辅助材料,能提高粘接强度和长期稳定性。

底涂可以使两基材之间形成一层膜填满空隙，对基材表面有良好的浸润性以及良好的黏附能力，提高胶黏剂与基材的粘接强度，改善粘接性能。

底涂使用前应先摇匀，涂刷时要沿单一方向、均匀、薄薄地涂刷一层，涂刷过程中不能漏刷、重叠涂刷。底涂厚度越薄越好，底涂固化后形成的硬而脆的膜会降低粘接强度。

当金属表面处理后应及时施胶，一般在 6 h 内完成粘接。若 6 h 内未能及时完成粘接工序，应用 240 目砂纸把底涂打磨掉，重新对金属表面进行处理。

## 5.4 待粘接非金属的表面处理

非金属表面大多会存在表面张力，用打磨（机械方式）的方法不但不能改变其表面张力，还会破坏粘接面。非金属的表面大多吸附的都是油污层和粉尘层，一般用异丙醇（酒精）进行清洁，再用活化剂活化，待清洁及完全挥发后，涂刷底涂。底涂同样涂刷薄薄一层，不漏涂不重复涂抹。（注：清洁、活化、涂刷底涂处理的方法参考金属表面处理方法）

非金属材料也可用酸、强氧化剂等化学处理将其表面油污杂质去除掉。将非极性表面通过氧化作用生成一层含碳的极性物质以增强粘接效果。

粘接过程中，待粘接件的表面处理时为防止其他非粘接区域污染或破坏，应预先对非粘接区域进行防护处理。

## 5.5 胶黏剂的配制、涂胶、晾置及固化

1. 胶黏剂的配制

（1）胶黏剂有单组分胶黏剂和双组分胶黏剂两类，一般多为双组分胶黏剂。双组分胶黏剂使用前应按准确的配比进行混合，搅拌均匀，以保证较好的粘接性能。例：3820 双组分胶，主剂和固化剂的质量配比 100∶11。

（2）一次的配胶量要根据胶黏剂的适用期、粘接面积、环境、气候、设施条件、实际所需涂胶量以及搅拌均匀的难易程度等加以确定。

配胶时务必将各组分搅拌均匀，使用的工具与容器必须干燥洁净。一次所配的胶量尽量少些，用多少配多少，以免造成不必要的浪费。配胶尽可能在明亮干燥，灰尘、杂质等污染源少，通风的场合利用导热性好、面积大、深度小的容器进行。

2. 涂胶

涂胶是指使用恰当的工具采用相匹配的方法将胶黏剂涂刷在待粘接件表面的过程。根据胶黏剂的不同形态，涂胶方法有很多种，例如：刷涂法、刮涂法、喷涂法、注胶法等。动车组密封区域的涂胶，根据工艺要求沿施胶线连续涂刷到待粘接件表面上。涂胶时先修整胶嘴至斜口孔径约为 10 mm，开口角度为 45°的状态，如图 A-5-11 所示。这样打出的三角形胶条（图 A-5-12）能满足工艺要求的宽度和厚度。

涂胶过程中应注意胶要均匀、连续、不间断；涂胶开始至完成粘接时间应控制在 30 min 内，30 min 后胶的表面会硬化，胶黏剂失去粘接性能。

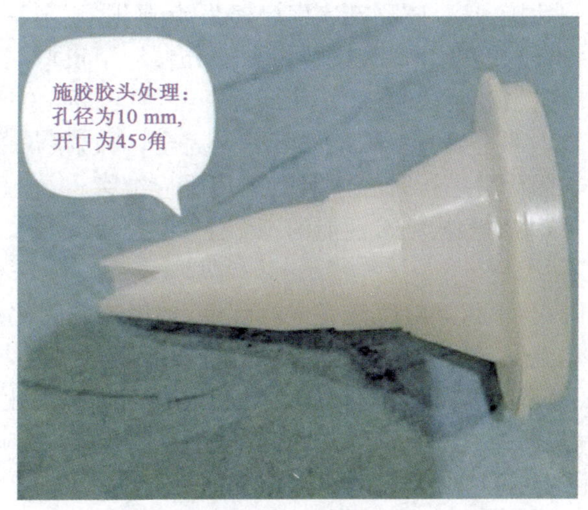


图 A-5-11　胶嘴斜口

图 A-5-12　三角形胶条

粘接是将涂胶后的被粘物表面叠合的过程。粘接时将被粘物缓慢的施压到胶黏剂上，在一定压力下让被粘物和胶黏剂充分接触，满足粘接面上需要的粘接尺寸，随后用固定拉紧工装进行拉紧施压固定，保证被粘物在外力的作用下和胶黏剂充分接触，粘接效果达到最佳。粘接过程中要时刻观察被粘物四周是否有胶溢出，从而判定粘接区域内是否充满了胶黏剂，最好是四周都有微小胶圈出现，表示不缺胶，一旦发现有缝隙或者缺胶情况，应立即补胶填满。

3. 晾置

粘接完成后在粘接的环境中持续静置 24 h 以上进行晾置，其间不能随意移动和剧烈振动，让胶黏剂进行充分的晾干和固化。粘接后使用的拉紧工装在静置 24 h 后才能卸除。

4. 固化

固化即为硬化，是在物理和化学作用下，使胶黏剂变为固体并形成一定强度的过程，粘接性能的好坏与其有着直接的关系。固化过程完全实现，粘接强度才能最佳。

固化分三个阶段，包含初固化、基本固化、后固化。初固化也称为凝胶，是指在室温条件下静置一段时间获得一定的粘接强度，胶黏剂表面已经发生硬化，不会粘连，但是固化还未完全结束的阶段；初固化之后再经过一段时间，胶黏剂大部分参加了反应，交联效果比较好的过程为基本固化；随后，保持一定温度一段时间后，使反应继续，直至固化完全实现的过程是后固化阶段。动车组上的粘接基本都是在室温的条件下固化完全，通过很长的静置时间来完成完全固化。有些情况需在基本固化后进行升温才能使固化反应继续进行，趋于完全固化。在整个固化过程中，温度、时间、压力是影响粘接性能的三个主要因素。

(1)固化温度

温度是固化的重要因素，不仅影响固化完成的程度，也影响到固化过程的快慢。每一种胶黏剂都有自身特定的固化温度，使用时应根据胶黏剂特定的固化温度来操作。

固化时，升温过程要缓慢，加热要均匀，以阶梯式升温，分阶段固化，使温度的变化与固化反应程度相当。最好室温静置一段时间，再加热到某一温度，保持一定时间再继续升温到所需要的固化温度，保持一定的时间。加热固化到规定的时间后应缓慢冷却，避免因收缩不均产生很大的内应力，损害粘接性能。

加热固化的方法很多，如电烘箱加热、电吹风加热、红外线加热、微波加热等，根据实际情况进行选择。

(2)固化压力

固化过程中施加一定的压力是有利于粘接的，不仅可提高胶黏剂的流动、浸润、渗透与扩散，还可保证胶层与被粘物紧密接触，防止气孔、空洞和分离，使胶层厚度更均匀。

施加压力的大小要随胶黏剂的种类和性质差异而定，压力太小，加压作用达不到，压力太大，胶黏剂溢出量太多，胶层厚度不够。施加的压力强度一般 0.1～0.5 MPa。加压时，压力应保持均匀一致，加压时机也要恰当，一般安排在基本凝胶后施压。另外还需注意，加热时胶黏剂流动性会增大，若压力过大，胶黏剂流失严重，易引起位置错动，应随加热阶段逐步增压。

固化加压的方法很多，如接触压力加压、配重加压、杠杆加压、弹簧加压、夹头加压、辊压、锤压、真空袋加压等，根据实际情况选用。

(3)固化时间

胶黏剂固化需要时间，由于胶黏剂的品种多样，固化的时间差异很大。同时固化时间又受固化温度与固化压力的影响很大。现使用的胶黏剂多为湿气固化胶黏剂，固化过程较慢要留有足够的时间让胶黏剂慢慢固化，在此期间对粘接的基材不能用力去触碰。

## 5.6 粘接过程中常见的缺陷种类、原因及处理方法

粘接为特殊作业过程，安装后的产品内部结构不能目视检测，可通过随车样件制作实验，即剥离或拉伸剪切实验来实现。对完成后的粘接产品检测，是产品粘接质量和性能检测的重要依据。样件的制作过程和产品的生产过程是同步的，所以随车的样件检验结果就能表明产品的组装检测结果。

动车组粘接过程中常见的缺陷：

(1)组装后被粘物四周间隙处无完全溢胶

原因分析：施胶量不足或施胶时涂打胶线偏离，压紧时力不足等原因没有足够的胶量溢出粘接区域。

处理解决方法：涂胶时胶头进行调整开斜口45°角孔径为10 mm，在粘接区域沿打胶中心线连续不间断的涂打满足（宽和高）要求的三角形胶条，被粘物缓慢挤压到胶黏剂上，不能铲胶或偏移压胶。对不合格的溢胶段进行二次补胶处理。

（2）胶内有气泡存在

原因分析：使用的胶可能没有满足同温24 h要求、涂打新开的包装胶时没有排气放胶。

处理方法：胶黏剂使用前应与被粘物、粘接环境同温24 h以上，不能因温差太大胶的热胀冷缩胶内产生气泡。在对涂打新开包装的胶应先排气放胶。例：小包装600 mL胶应排出长度150 mm的胶条。

（3）产品平面度尺寸超差

原因分析：被粘物本身的变形、调整平面度要求的调整或定位垫块尺寸有超差、操作者检测失误。

处理方法：对被粘物进行检查，在满足要求的前提下进行下一步操作。粘接组装前对两粘接基材进行研装，若研装不满足要求及时调整。作业完成后做好检查，自检、互检不能疏忽。

（4）非粘接区域有残胶

原因分析：作业前没有进行有效防护、操作工人操作不注意。

处理方法：在基材前处理的时候用防护胶带或防护布对非粘接区域进行有效防护，防护既能满足粘接面（尺寸）的要求又能更好的保护非粘接区域不被污染和破坏。

操作工人正确戴好防护手套（鞋套），且应保持清洁。被污染的基材应及时清洁，做好自、互检工作，完工后的“5S”作业。

粘接是特殊作业过程，操作者应具备EAB资质，经过培训合格后才能进行粘接作业。

## 小　结

粘接常用的工具设备：（1）预处理工具设备有温湿度仪、空调、加湿器、除湿机等；（2）常用的工具（工装）设备有机械臂（吊运工具）吸盘、注胶机、气动或电动胶枪等；（3）辅助工具有吸尘器、检测工具直（角）尺、塞尺、基材定位及固定工装拉紧（压紧）工装等。

遮蔽材料主要起遮挡、防护不需要粘接的部位，防止该部位被胶水污染。特点是无吸收性、抗扯且光滑。

待粘接件表面的处理方法主要有表面清洗、去油、除锈、粗化和表面活化等。待粘接金属表面的处理目的是使金属表面具有良好的润湿性能和粘接效果。

表面清洗的作用在于除去金属表层的污染层、氧化层。机械处理的作用：有利于金属表层的污染层、氧化层的深入去除；使得金属表层形成一定粗糙度。常用的机械处理方法有：钳工刮削、刨削或用喷砂、砂布、砂轮打磨以及钢丝刷、粗锉打磨等。底涂的作用：使得两个基材之间形成一层膜填满空隙，提高粘接性能。

涂胶是使用恰当的工具采用相匹配的方法将胶黏剂涂刷在被粘物表面的过程。根据胶黏剂的不同形态涂胶方法有很多种，比如：刷涂法、刮涂法、喷涂法、注胶法等。

固化即为硬化，是在物理和化学作用下，使胶黏剂变为固体并形成一定强度的过程，粘接性能的好坏与其有着直接的关系。固化通过三个阶段来完成，分别是初固化、基本固化、后固化。

提高粘接性能的三个主要因素:固化温度、固化压力、固化时间。

动车组粘接过程中常见的缺陷:组装后被粘物四周间隙处无完全溢胶;胶内有气泡存在;产品平面度尺寸超差;非粘接区域有残胶。

## 思考与练习

**一、填空题**

1. 遮蔽材料的特点是________、________。

2. 动车组粘接工艺中________一般用于玻璃的定位。

3. ________是指去除待粘接件表面的油污,常在去除粗糙之进行。

4. 常用的除锈、粗化方法有________、________和________。________是使金属表面锈层发生反应而被去除的过程,特别适用于________和________的处理。

5. 铝及铝合金常用的脱脂溶剂有________、________、________、________。

6. 待粘接金属表面的处理目的是使金属表面具有良好的________性能和粘接效果。

7. 底涂是一种黏度很小,可以均匀涂敷在基材表面的________,能提高________和________。

8. 涂胶开始至完成粘接时间应控制在 30 min 内,否则粘接胶表面会硬化,________失去________。

9. 固化即为________,是在作用下,使胶黏剂变为固体并形成一定强度的过程。固化通过三个阶段来完成,分别是________、________、________。

10. 影响固化的三个主要因素________、________、________。

**二、思考题**

1. 动车组粘接常用工具设备有哪些?

2. 动车组粘接常用遮蔽材料有哪些?

3. 待粘接件表面处理的方法有哪些?

4. 待粘接金属表面处理的目的是什么?

5. 待粘接金属表面机械处理的作用是什么?

6. 涂刷底胶的作用是什么?

7. 胶黏剂配制时注意点有哪些?

8. 什么是涂胶? 涂胶的方法有哪些?

9. 什么是凝胶?

10. 固化温度对粘接性能如何影响?

11. 动车组粘接过程中胶内有气泡存在原因是什么? 处理方法是什么?

12. 产品平面度较差的原因是什么? 如何处理?

# 知识点 6　粘接质量的检测和控制

## 学习目标

1. 了解粘接质量的常用检测方法。
2. 知道胶黏剂的试验方法。
3. 掌握粘接质量的影响因素。
4. 掌握粘接质量的管控方法。
5. 掌握粘接过程中随车样件的制作方法。
6. 了解粘接的强化措施。

## 相关知识

### 6.1　粘接质量的无损检测

粘接过程是一个特殊过程，粘接质量的好坏不能通过简单的或经济的方法加以验证，粘接接头的检测可以分为非破坏模式检测和破坏模式检测。非破坏模式检测常见的主要有以下几种方式：

1. 目视

在粘接接头可见的表面，用肉眼观察划痕、印记、裂纹、腐蚀、气泡缺陷等，必要的时候用放大镜、显微镜、视频系统等方式进行检测。

2. 敲击测试

听取敲击的回声判定缺陷的检测方式称为敲击法。当物体内部存在较大缺陷，例如裂纹、空隙或脱层时，所产生的回声将会比较沉闷，否则声音应该相对清脆很多。敲击法自古以来就被用来检测瓷器、陶器等物品中是否有裂纹。铁路工人对车轮的检测也是通过敲击车轮，通过声音来判定是否存在缺陷，这种方法也被称作为车轮敲击检测法。

敲击法有手动敲击和自动敲击之分。手动敲击是采用硬币、手指或敲击锤，人工敲击粘接接头来检测的方法。自动敲击是采用全自动的锤子敲击粘接部件，敲击频率和强度都是可以选择的常数，自动敲击锤经过粘接部件，当碰到差异时会有预警信号。

这种敲击测试只能检测空隙、分层、脱胶现象，而且一般用来检测夹芯复合材料结构或者是金属与金属的粘接结构。

3. 超声波检测

超声波检测是利用超声波在固体中的传播特性（反射、折射、透射、衰减等），对材料及其制品进行无损检测的技术。将压电换能器发出的超声波通过耦合剂传入被检物体，在缺陷或界面处产生反射和透射，以回波形式返回或以穿透波形式被接收，信号强度能反映出波的吸收、散射和反射。完好部位与损坏部位信号强度有显著不同，据此可判断胶接结构与材料内部缺陷（分层、孔洞、夹杂物等），超声检测法可检测胶接结构的分层、脱黏、气孔、裂缝、冲击损伤等缺陷，图 A-6-1 所示是超声检测基本原理。相比其他无损检测技术，超声检测具有技术相对成熟、检测灵敏度高、对人体无害和易于实现自动化扫描成像检测等突出优点。

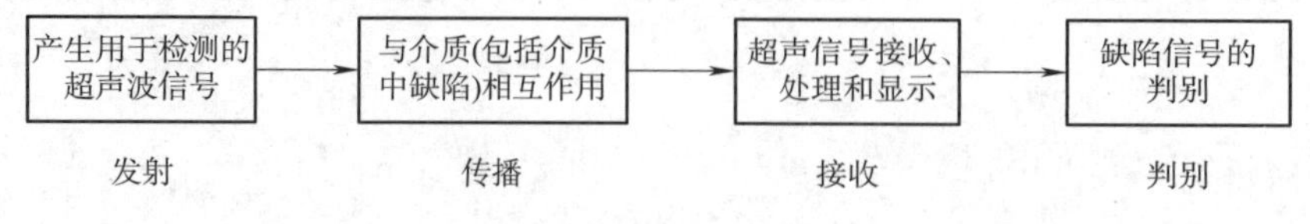


图 A-6-1　超声检测基本原理

4. 射线检测法

射线检测是利用 X 射线、γ 射线和中子射线易于穿透物体，在穿透物体过程中收到吸收和散射而衰减的性质，在感光材料上获得与材料内部结构和缺陷相对应的黑度不同的图像，检测出物体内部缺陷的种类、大小、分布状况并作出评价，如图 A-6-2 所示。从传统的 X 射线照相法，到后来的数字化射线成像系统，以及近年来发展的计算机断层扫描成像新技术等，射线检测在工业产品的结构测量、缺陷监测和损伤评价等方面获得了广泛应用，显示出在现代无损检测领域的重要地位和作用。

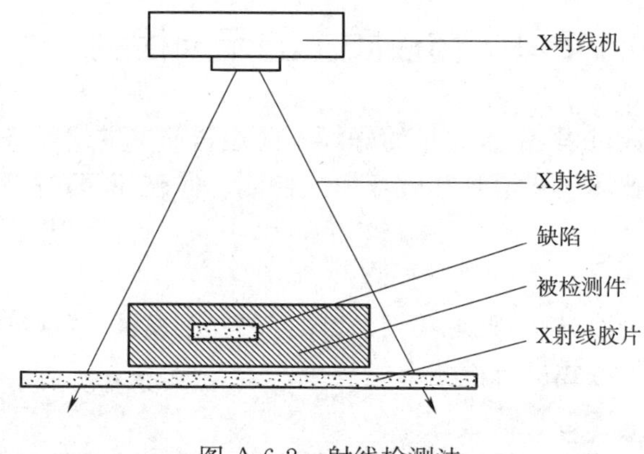


图 A-6-2　射线检测法

5. 中子射线照相法

中子射线照相（Neutrography）技术原理为从中子源发出的中子束通过准直器照射到被检工件，检测器记录透射的中子束分布图像，图 A-6-3 所示为其检测示意图。不同物质具有不同的中子衰减系数，因此透射中子束的分布图像可以形成工件缺陷和杂质等的图像。与常规 X 和 γ 射线照相技术相比，中子射线照相技术的特点是：

（1）可以检验金属中的某些低原子序数物质。

（2）可以对放射性物质进行检验。

（3）可以区分同一元素的不同同位素。

6. 热学检测法

热学检测法主要是指根据物体的红外辐射、材料特性和表面温度的内在关系，利用红外热像仪接收物体的红外辐射以可见的热图像显示出来，通过分析热图像的特征，可以检测物体内部存在的缺陷，又称为红外热波无损检测。对比射线、超声波等传统的无损检测方式，红外热波检测具有直观、非接触、快速实时、可测面积大等优点。从20世纪90年代以来，国际上逐渐开始对红外热波无损检测技术展开研究和应用。俄罗斯、美国、加拿大、法国等相继把红外热波无损检测技术应用在复合材料构件内部缺陷及蒙皮粘接质量检测等领域。同时美国也把它应用于航天飞机耐热保护层潮湿检测、Atlas空间发射舱复合材料的脱黏检测、A3火箭无损检测等航天设备的质量检测中。

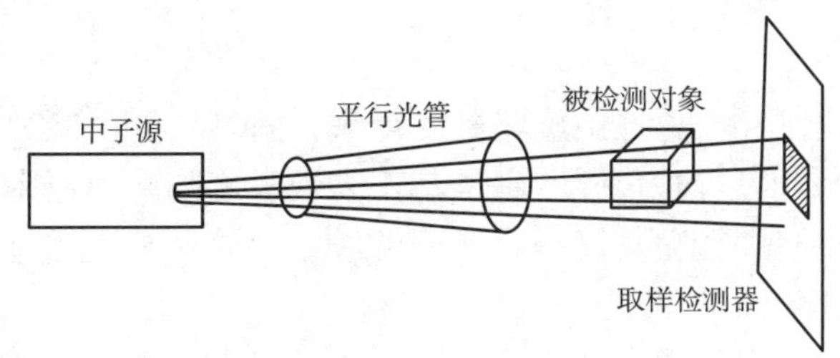


图 A-6-3　中子射线照相法

我国在红外热波无损检测方面的研究和应用水平与国外相比差距巨大，虽然做了一些探索，但仅限于试验研究尝试。航天材料与工艺研究所利用红外热波检测技术对纤维增强复合材料蒙皮-蜂窝夹芯结构中的界面脱黏缺陷进行了检测。在实验中，他们用闪光灯作为热源对如下两种复合材料进行了检测：一种是铝蜂窝夹芯结构复合材料，蒙皮厚1.5 mm，其检测的缺陷分别为直径15 mm和20 mm的圆形缺陷。另一种是泡沫夹芯结构复合材料，蒙皮厚0.8 mm，其检测的缺陷为40 mm×40 mm的方形缺陷。东南大学在材料内部脱黏红外无损检测的研究中，得出了表面温差与缺陷的深度、厚度及加热时间之间的关系，介绍了利用带状热源加热，采用瞬态法进行测量的红外热像检测材料内部脱黏的方法。

## 6.2　胶黏剂与粘接件的耐久性试验

1. 胶黏剂物理化学性能试验

(1)外观

①装置：刮刀、玻璃板(200 mm×300 mm×5 mm)、涂胶枪。

②方法：清除玻璃板上的灰尘，用清洗剂脱脂后，用打胶枪将胶呈胶条状涂在玻璃板上，长度为200～300 mm，用刮刀刮平。通过目测观察：颜色、亮度、凝固及是否有凝胶、杂质和颗粒。

(2)密度

①准备能够做三次试验的样品。

②用溶剂型清洁剂清洁重量杯，干燥10 min。

③在25 ℃以下把搅拌均匀的胶黏剂试样装满重量杯，然后将盖子盖紧，并使溢流口保持开启，用清洁剂擦去溢出物。

④将盛有胶黏剂试样的重量杯置于恒温室中，使试样保持(23±1) ℃。

⑤称重装有试样的重量杯，精确到0.001 g。

⑥每个胶黏剂样品测试三次，以三次的数据算术平均作为实验结果。

⑦液态胶黏剂的密度$\rho$按式(6.1)计算：

$$\rho = \frac{m_2 - m_1}{37} \tag{6.1}$$

式中 $\rho$——液体胶黏剂密度，$g/cm^3$；

$m_1$——空重量杯的质量，g；

$m_2$——装满胶黏剂试样的重量杯质量，g；

37——重量杯容量，$cm^3$。

(3)黏度

一般有两种方法进行检测，一种是旋转黏度计法，一种是黏度杯法。

旋转黏度计测量的黏度是动力黏度，它是基于表观黏度随剪切速率变化而呈现可逆变化。黏度杯测量的黏度是条件黏度，它是以一定体积的胶黏剂在一定温度下从规定直径的孔中所流出的时间来表示的黏度。

旋转黏度计法中，取 3 次试样测试中最小的一个读数值，取三位有效数。黏度杯法中，结果以算术平均值表示，取三位有效数。

测定结果：旋转黏度计法中，以 Pa·s 或 MPa·s 表示。黏度杯法中以 s 表示。

(4)不挥发物

测定胶黏剂的不挥发物含量是试样在一定温度下加热一定时间，以加热后试样质量与加热前试样质量的百分比值表示。

试验温度一般在(105±2) ℃，试验时间为(180±5) min。

按要求称取胶黏剂试样，精确到 0.001 g，放在温度调整好的恒温箱内加热 180 min，然后取出试样，放入干燥器中冷却至室温，称其质量。

不挥发物含量按式(6.2)计算：

$$X = \frac{m_1}{m} \times 100 \tag{6.2}$$

式中 $X$——不挥发物含量，%；

$m_1$——加热后试样的质量，g；

$m$——加热前试样的质量，g。

(5)表干时间

将产品用胶枪挤在调胶板上成细条状，规格 $\phi$10 mm×150 mm，共 3～5 条，立即开始计时，直至用干燥的手指轻触胶条上三个不同部位不粘手为止，记录相应的时间。

(6)固化速度

固化速度是指胶黏剂在基体上固化的速率。依据基材、胶黏剂、固化间隔等不同，恰当调整其固化速度。固化速度过快，基材外表胶黏剂出现外表干燥而内部不干燥的现象；固化速度过慢，基材外表会老化。

(7)硬度测试

按 GB/T 531.1 的规定进行测定，三层试样平整叠加总厚度不大于 6.0 mm，用邵氏硬度计(A 型)测定。

2. 力学性能试验

(1)拉伸强度试验

制作(2±0.2) mm 厚的样件，采用 GB/T 528 中 1 型哑铃型试样，取样至少三个，拉伸速度为(500±50) mm/ min。取平均拉伸强度作为最终强度值。

(2)剪切强度试验

①试件制备

制作100 mm×25 mm×2 mm的试片，将试样涂敷在试片上，涂敷面积为25 mm×12.5 mm，再将另一同样试片与之搭接、叠合，刮去两侧多余的试样，用夹子从两侧夹紧放置于(23±2) ℃，相对湿度为(50±10)% 的标准条件下固化7 d。

②测试步骤

按GB/T 7124规定测试聚氨酯的剪切强度，拉伸速度为50 mm/min，试件数量不少于三个，计算平均值。

(3)断裂伸长率试验

制作(2±0.2) mm厚的样件，采用GB/T 528中1型哑铃型试样，取样至少为三个，以(500±50) mm/min速度匀速拉伸，直至样件拉断，记录拉断时的伸长量。每种试样平行试验至少三次，取其平均值。

(4)剥离强度试验

①90°剥离试验

基材准备：在温度(23 ±2) ℃，相对湿度(50 ±5)%条件下，制作50 mm×150 mm×3 mm的铝板及50 mm×250 mm×3 mm的地板布。

试样的制备：清洁、打磨、清洁铝板基材，直至漏出金属本色，确保表面无油污、灰尘。清洁地板布粘接面，按比例混合胶黏剂，并充分搅拌均匀，用A2刮板把胶黏剂刮涂在基材上，粘接地板布。粘接完毕后在实验室条件下放置7 d，然后取出进行其他操作。

测试：将地板布夹在夹头上，另一头放置在对中装置的托架上。必须使夹头间试样准确定位，以保证所施加的拉力均匀地分布在试验的宽度上。拉力机夹头以(100±5) mm的速度移动。根据记录仪的试验数据，计算平均值。90°剥离试验示意如图A-6-4所示。

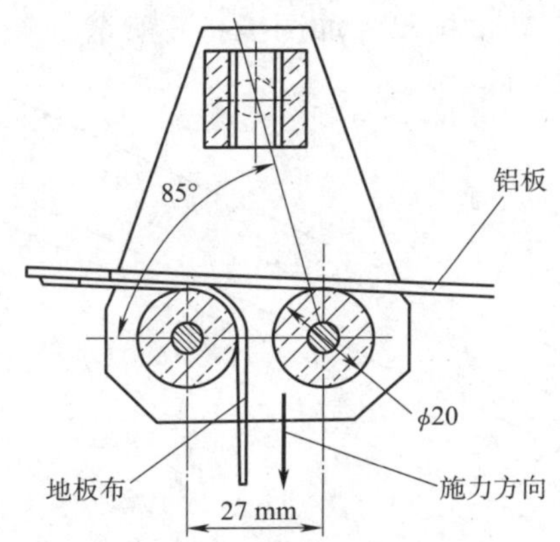


图A-6-4　90°剥离试验示意图

②180°剥离试验

样件准备：刚性粘接试片的宽度为(25±0.5) mm，除非另有规定，长度为200 mm以上的长条。按胶黏剂的产品说明书进行样件的表面处理和使用胶黏剂，在每块粘接试样的整个宽度上涂胶，涂胶长度为150 mm。

测试：将挠性被粘物试片的未粘接的一端弯曲 180°，将刚性被粘物试片加紧在固定夹头上，注意使夹头间试样准确定位，以保证所施加的拉力均匀地分布在试样的宽度上。开动机器，使上下夹头以恒定的速率分离。夹头的分离速率为(100±10) mm/min。

记下夹头分离速率和当夹头分离运行时所受的力，直到至少有 125 mm 的胶黏长度被剥离。注意胶黏破坏的类型，即黏附破坏、内聚破坏和基材破坏。180°剥离试验示意如图 A-6-5 所示。

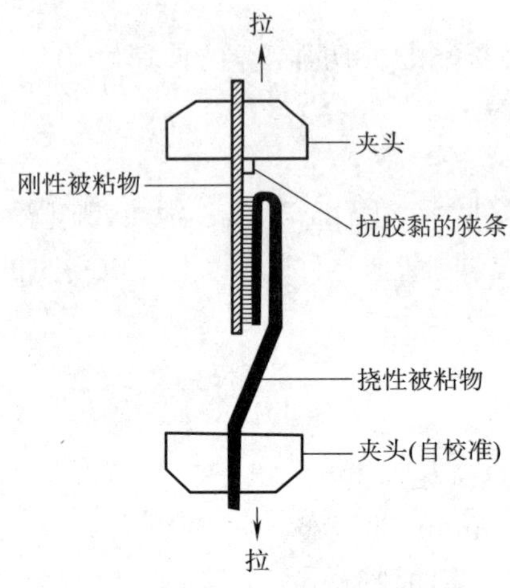


图 A-6-5　180°剥离试验示意图

(5)撕裂强度试验

①撕裂强度

将试样完全撕裂时所需要的最大拉力与试样厚度的比值称为撕裂强度。

②试样准备

裤形试样所用裁刀，其所裁切试样尺寸如图 A-6-6 所示。

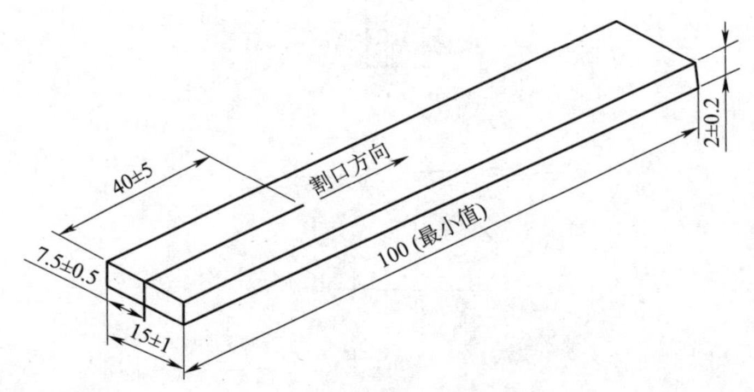


图 A-6-6　裤形试样尺寸(单位：mm)

裤形试样割口深度为(40±5) mm，方向如图 A-6-7 所示。割口的最后 1 mm 必须用锋利的刀片切割。

③试验步骤

按照 GB/T 5723 规定，测量试样撕裂区域的厚度不得少于三点，取中位数。厚度值不得偏离所取中位数的 2%。如果多组试样进行比较，则每一组试样厚度中位数必须在各组试样厚度中位数的 7.5%范围内。

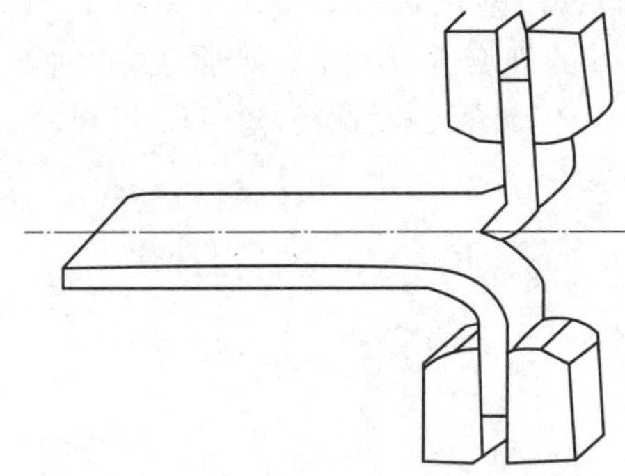

图 A-6-7　裤形试样割口

将试样置于拉力试验机的夹持器上，按拉伸速度为(500±50) mm/min 对试样进行拉伸，直至试样撕断。记录拉伸过程中的力值，计算时取中位数。

④试验结果的表示

撕裂强度 $T_s$ 按式(6.3)计算：

$$T_s = \frac{F}{d} \tag{6.3}$$

式中　$T_s$——撕裂强度，kN/m；

$F$——试样撕裂时所需的力(当采用裤形试样时，应按照 GB/T 12833 中的规定计算力值 $F$，取中位数，N；

$d$——试样厚度中位数，mm。

老化试验时，割口必须在老化后进行。每组试样数量应不少于五个，试验结果以每个方向试样的中位数表示，数值准确到整数位。

3. 老化性能试验

(1)高低温循环试验

试样制作前用砂纸打磨去除表面氧化膜(2 h 以内使用)按照产品操作工艺进行清洁、涂活化剂、涂底涂并涂胶。基材厚度(1.6±0.5) mm，胶层厚度(3±0.5) mm。在标准条件下放置 7 d 后放入交变试验箱，经过 10 个交变循环周期后，从交变试验箱中取出试样，在标准条件下调节 24 h，然后测定其剪切强度值，计算剪切强度保持率。一个循环交变周期为 24 h，循环交变条件为(80±2) ℃，3 h；(23±2) ℃，1 h；(−40±2) ℃，3 h；(23±2) ℃，1 h；(40±2) ℃和温度 90%～95%，15 h；(23±2) ℃，1 h。

剪切强度保持率的计算公式：

$$R_3 = \frac{S}{S_0} \times 100\% \tag{6.4}$$

式中　$R_3$——剪切强度保持率；

$S_0$——初始剪切强度；

$S$——经循环交变试验后的剪切强度。

(2)耐酸性

试样的制备按照 GB/T 528 的规定进行,采用哑铃 1 型,胶膜厚度为(2±0.2) mm。试样制备在标准条件下 7 d 后,将试样浸泡在 5%的 $H_2SO_4$ 溶液中 24 h,取出冲净、擦干,在标准条件下调节 24 h,按照 GB/T 528 的规定进行测定拉伸强度,每种试样平行试验至少五次,取其平均值,与初始拉伸强度进行比较,计算强度保持率。

拉伸强度保持率计算公式:

$$R_1 = \frac{N}{N_0} \times 100\% \tag{6.5}$$

式中 $R_1$——拉伸强度保持率;

$N_0$——初始拉伸强度;

$N$——耐酸试验后的拉伸强度。

(3)耐碱性

试样的制备按照 GB/T 528 的规定进行,采用哑铃 1 型,胶膜厚度为(2±0.2) mm。试样制备在标准条件下 7 d 后,将试样浸泡在 5%的 NaOH 溶液中 24 h,取出冲净、擦干,在标准条件下调节 24 h,按照 GB/T 528 的规定进行测定拉伸强度,每种试样至少五个,取其平均值,与初始拉伸强度进行比较,计算强度保持率。

拉伸强度保持率计算公式:

$$R_1 = \frac{N}{N_0} \times 100\% \tag{6.6}$$

式中 $R_1$——拉伸强度保持率;

$N_0$——初始拉伸强度;

$N$——耐碱试验后的拉伸强度。

(4)紫外线老化试验

按照 GB/T 14522—2008 附录 C《荧光紫外灯暴露试验的典型试验条件》中暴露周期 2 规定进行:光源为 UV-A(340 nm),辐照度(0.76±0.02) $w/m^2$;(60±3) ℃,8 h 干燥(光照);(50±3) ℃,4 h 冷凝。按照 GB/T 528 规定制备哑铃试样(1 型),在标准条件下放置 7 d 后放入老化试验箱中,试验 1 500 h 后取出;在标准条件下放置 24 h 后观察胶膜表面状态,测定拉伸强度值。根据光照试验前后的测定结果计算拉伸强度保持率,每种样品平行试验至少五次,取其平均值。

## 6.3 粘接质量的影响因素

影响粘接质量的因素很多,其中主要的影响因素有基材材料、表面处理、工艺条件、胶层厚度等。

1. 基材材料

基材不同,粘接效果就不同。粘接的前提条件:胶黏剂要能很好地浸润被粘物表面。一般可以由表面张力来表示。表面张力小的物质能够很好浸润表面张力大的物质;金属的表面张力大,能被表面张力小的聚合物胶黏剂浸润;一般非金属材料难粘接,含氟聚合物和非极性的聚烯烃类聚合物的表面张力极低,更难被粘接。

浸润的好坏，一般按接触角的大小来判定。接触角 $\theta$，即液滴曲面的切线与固体表面的夹角，如图 A-6-8 所示。$\theta<90°$浸润；$\theta>90°$浸润不良；$\theta=180°$不浸润；$\theta=0°$液体在固体表面铺开。

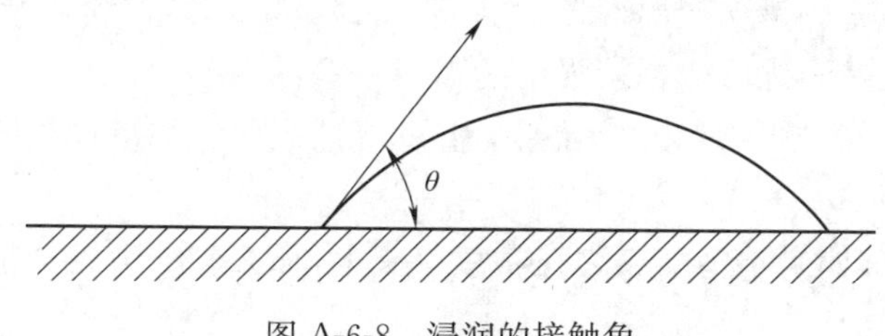


图 A-6-8　浸润的接触角

2. 表面处理

表面处理方式不同，粘接效果不同。一般粘接的材料有金属材料和非金属材料之分。金属材料和非金属材料的表面不同，处理方式也不同。

金属材料表面如图 A-6-9 所示。

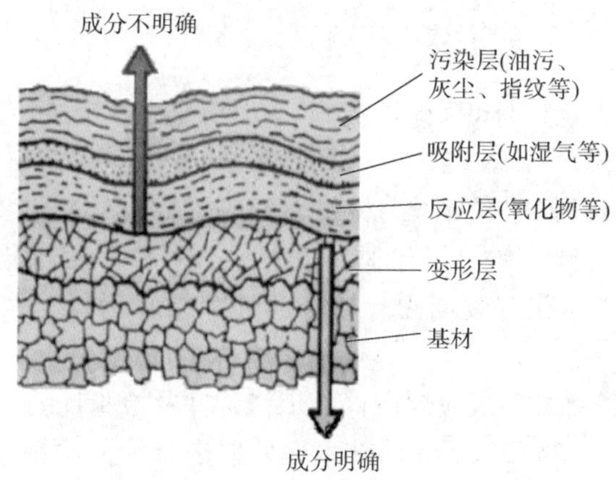


图 A-6-9　金属材料表面

1 $mm^2$ 的新鲜的指纹中含有的物质：10 $\mu g$ 的氯离子、10～100 $\mu g$ 的氨基酸、1 $\mu g$ 的尿素、小于 0.5 $\mu g$ 的氨、5～100 $\mu g$ 的油脂，还有一定量的镁、钙和钠离子。

金属材料的表面处理方式有：打磨、喷砂、磷化、镀锌、镀铬、阳极氧化、型砂覆膜、火焰处理等。

非金属材料和金属材料类似，有污染层、表面注塑层、聚合物层。非金属表面的污染层含有增塑剂、润滑剂、脱模剂、抗静电剂等。

非金属的表面处理方式有：打磨、蚀刻、等离子处理、火焰处理、氟化等。

3. 工艺条件

化学反应型：大部分胶黏剂都属于化学反应型胶黏剂，如加成聚合反应型、缩聚反应型和连锁反应型等。一般情况，温度提高，粘接强度也会增加。

(1)加成聚合反应(反应释放热量)，混合比例比较敏感。环氧胶、聚氨酯胶，如果比例错误或偏差较大，粘接质量会受到很大影响，或者会不固化。

(2)缩聚反应(反应释放热量,释放小分子),混合比例比较敏感。如硅胶、改性硅烷等胶黏剂,固化时释放二氧化碳或酸。

(3)连锁反应(反应释放热量),混合比例不敏感。如氰基丙烯酸、甲基丙烯酸、厌氧胶(二甲基丙烯酸)等。如果比例错误或出现较大的偏差,最终的结果都会固化,固化后相对分子质量的大小不一样,也就是固化后的粘接强度的大小不一样。

物理固化型:热熔胶,顾名思义加热融化,温度降低固化。如果在温度没有达到一定条件,就不会产生黏结力。

不固化型:压敏胶,如果不施加压力在粘接接头上,那么黏结力就会很小,达不到理想的粘接效果。

## 6.4 粘接质量的管控和强化措施

1. 粘接质量的管控

粘接作为特殊过程,要从人、机、料、法、环、测六个方面进行严格管理和控制。

人:从事粘接接头设计、工艺、制造、维修、采购、物流储存、装配、检验监督与管理都应该纳入粘接质量管理。

机:工具、工装、设备有定检标识,标识清晰完整;在定检有效期内,按照有关规定进行点检,及时填写相关点检记录。

料:胶黏剂及辅助材料,胶黏剂及辅助材料入库前,须对数量、包装外观、批次、生产日期、保质期、危险标志等进行检验。如包装有泄漏、破损、运输环境与技术要求不相符时严禁使用,使用的胶黏剂及辅助材料均在有效期内。粘接部件存储和运输时,需采取适当的包装避免损坏。

针对 A1、A2 等级接头粘接件,应制定伴随工作试件及检验计划。

法:准备粘接工艺作业指导书,所有的技术文件要进行验证,所有操作人员都应该按照技术文件进行操作。

环:工作场所必须符合技术文件所规定的环境条件。如充足的照明条件、现车温湿度的要求、个人的保护装置、工作区域的安全措施、急救设备、合适的废物处理容器等。

测:所有的检测方法都要满足规定的要求。

2. 随车样件的制作

粘接工艺是特殊作业过程,粘接完工后的产品从外观不能看到内部粘接状态、粘接性能和粘接质量是否满足产品质量要求。随车样件与产品粘接是同步完成的,同一环境、同一批次号化工品以及相同的工艺操作流程。随车样件是检查完工后产品质量的重要判定依据,7 日后的随车样件可进行剪切、剥离、浸泡水、高温环境等试验检测粘接强度和性能。

随车样件的材料和产品粘接的材料是相同的。例如,取动车组车体基材相同材料的样件以及车窗窗框基材相同材料的样件,如图 A-6-10 所示,在车窗粘接的同时完成样件的制作。样件施胶时,胶条的截面为椭圆形,并对胶条进行挤压。最后胶条为 150 mm×8 mm×6 mm 的形状,如图 A-6-11 所示。这样的胶条状态 7 日内可完全固化,样件背面要按表 A-6-1 做好记录。

图 A-6-10　粘接基材相同材料

图 A-6-11　施胶后的样件

**表 A-6-1　样件记录表**

| 车号： | 基材名称： | | 样件编号： | | |
|---|---|---|---|---|---|
| | 化工料名称 | 批次号 | 有效期 | 开始时间 | 结束时间 |
| 清洁剂 | | | | | |
| 活化剂 | | | | | |
| 底涂 | | | | | |
| 胶黏剂 | | | | | |
| | | | | | |
| | | | | | |
| 打磨 | | | | | |
| 温度： | | | 相对湿度： | | |
| 操作者： | | | 日期： | | |

3. 粘接的强化措施

被粘物表面必须清洁干燥，必要时可以进行化学表面处理，增加表面的极性，提高表面能力，改善其黏附能力。表面处理的方法和程度取决于基材和胶黏剂、表面的实际状态、粘接件的性能要求以及现场的生产条件等。

表面处理一般为：表面准备、表面前处理、表面后处理。

表面准备：一般目视检查，检查基材油污缺陷，胶黏剂的开放时间，一个最重要的项点是检查胶黏剂的填缝能力，一些胶黏剂的填缝能力只有 0.1 mm。表面准备还包括基材及胶黏剂的同温准备，基材和胶黏剂要适应至室温，防止使用中冷凝水的产生。表面准备还包括表面的清洁，一般称为一次清洁。

表面前处理：一般指用机械或化学的方法处理。机械的方法一般有打磨、打砂等方法。

表面后处理：一般指涂底涂剂或促进剂，增加表面极性，提高粘接强度。

化学表面处理一般有氧化、钝化等。

## 小　结

粘接接头的检测可以分为非破坏模式检测和破坏模式检测。非破坏模式检测常见的主要有以下几种方式：目视、敲击测试、超声波检测、射线检测法、中子射线照相法、热学检测法。

黏度一般有两种方法进行检测，一种是旋转黏度计法，一种是黏度杯法。旋转黏度计测量的黏度是动力黏度，它是基于表观黏度随剪切速率变化而呈现可逆变化。黏度杯测量的黏度是条件黏度，它是以一定体积的胶黏剂在一定温度下从规定直径的孔中所流出的时间来表示的黏度。

固化速度是指胶黏剂在基体上固化的速率。固化速度过快，基材外表胶黏剂出现外表干而内不干的现象；固化速度过慢，基材外表会老化。

影响粘接质量的因素有基材材料、表面处理、工艺条件、胶层厚度。

被粘物表面处理一般为：表面准备、表面前处理、表面后处理。表面准备：一般目视检查基材油污缺陷、胶黏剂的开放时间、胶黏剂的填缝能力；表面前处理：一般指用机械或化学的方法处理。机械的方法一般有打磨、打砂等方法；表面后处理：一般指涂底涂剂或促进剂，增加表面极性，提高粘接强度。

## 思考与练习

**一、填空题**

1. 粘接接头的检测有________和________两种方法。

2. 黏度的检测一般有两种方法，一种是________，一种是________。

3. 影响粘接质量的因素主要有________、________、________、________等。

4. 超声波检测是利用超声波在固体中的传播特性(反射、折射、透射、衰减等)，对材料及其制品进行________的技术。

**二、思考题**

1. 什么是超声波检测？

2. 什么是射线检测法？

3. 什么是热学检测法？

4. 如何检测胶黏剂的外观？

5. 胶黏剂黏度的检测方法有哪两种？分别测量得到什么黏度？

6. 如何进行 90°剥离试验？

7. 影响粘接质量的因素有哪些？

8. 金属材料表面的处理方式有哪些？

9. 粘接质量的管理和控制要点有哪些？

10. 粘接的强化措施有哪些？

# 知识点 7　粘接技术的安全与防护

## 学习目标

1. 掌握毒性的含义与毒性等级分类。
2. 清楚毒性物质伤害人体的主要途径。
3. 了解常用胶黏剂组分的毒性及防护措施。
4. 清楚常用胶黏剂组分的可燃性及其防范措施。
5. 掌握环保型胶黏剂使用的意义与重要性。
6. 清楚环保型胶黏剂的类型及应用。
7. 了解环保型胶黏剂的发展历程。

## 相关知识

胶黏剂按照原材料来源分类可以分为天然材料和合成材料。天然材料主要有动物胶和植物胶，合成材料目前超过 5 000 多种，合成胶黏剂的各个组分大多为有机化合物，有不同的物理化学特性，有的带有毒性，有的易燃，有的具有腐蚀性。通过对各类物质性质的分析与了解，采取有效的防护措施，对于保障操作人员的健康，保护环境是十分重要的。

## 7.1　胶黏剂组分的毒性和可燃性

1. 毒性的评定

毒性是指外源化学物在一定条件下损伤生物体的能力。因毒性引起的机体损害就是中毒。对少量侵入人体能与人体组织发生物理或化学作用，引起人体正常生理机能的破坏，使人体呈现病态（中毒）的物质，称为毒性物质，简称毒物。毒物中毒按其作用不同，可分急性中毒和慢性中毒，大量毒物迅速进入人体，很快引起中毒甚至死亡者，称为急性中毒；少量毒物逐渐进入人体，经过较长时间积蓄而引起的中毒，称为慢性中毒。比较物质毒性的大小常以“半数致死剂量”(Median Lethal Dose，$LD_{50}$)来表示，它是指一次吸入毒物后死亡数量为 50%的剂量，单位为“mg/kg”，按每千克体重吸入的毫克数计算。$LD_{50}$值越大，毒性越小，实验动物类型不同，如白鼠、家兔、狗、猴等，其 $LD_{50}$值不同。我国根据 $LD_{50}$值的大小，将物质的毒性等级分为六级，见表 A-7-1。

**表 A-7-1　物质毒性等级表**

| 毒性等级 | 大鼠经口 $LD_{50}$/($mg\cdot kg^{-1}$) | 兔涂皮 $LD_{50}$/($mg\cdot kg^{-1}$) | 人可能致死量/mg |
|---|---|---|---|
| Ⅰ剧毒 | ＜1 | ＜10 | 0.06 |
| Ⅱ高毒 | 1～50 | 10 ～100 | 4 |

续上表

| 毒性等级 | 大鼠经口 $LD_{50}$/(mg·kg$^{-1}$) | 兔涂皮 $LD_{50}$/(mg·kg$^{-1}$) | 人可能致死量/mg |
|---|---|---|---|
| Ⅲ中毒 | 50～500 | 100～1 000 | 30 |
| Ⅳ低毒 | 500～5 000 | 1 000～10 000 | 250 |
| Ⅴ实际无毒 | 5 000～15 000 | 10 000～100 000 | 1 200 |
| Ⅵ基本无毒 | >15 000 | >100 000 | >1 200 |

胶黏剂中的毒性物质主要通过下列途径危害人体的健康。

(1)呼吸系统

胶黏剂成分中含有刺激性的挥发物以及填料的粉尘等,吸入呼吸道后,被肺泡吸收,可不经肝脏的解毒作用,直接进入血液,流经全身,危害很大。

(2)皮肤和黏膜组织

在胶黏剂制备或使用过程中,胶黏剂成分污染皮肤,并有可能经毛孔通过皮脂腺而被吸收,有的腐蚀或烧伤皮肤后再渗入人体。经过皮肤或黏膜侵入的毒物,也不经过肝脏的解毒作用,而随血液流遍全身。

(3)消化系统

由于误食胶黏剂成分或呼吸道吸入毒物黏附在鼻咽部被吞咽。此外,在粘接施工现场饮食、喝水,因食物上沾有毒物从而进入肠道被小肠吸收引起出血性胃肠炎,一部分到肝脏,可致中毒性肝病。

(4)神经系统

神经系统由中枢神经(包括脑和脊髓)和周围神经(由脑和脊髓发出,分布于全身皮肤、肌肉、内脏等处)组成。胶黏剂中的毒性物质经皮肤、器官等组织进入神经系统可损害中枢神经和周围神经,引发神经衰弱综合征、周围神经病变、中毒性脑病等一系列神经系统疾病。

(5)血液系统

胶黏剂中的毒物能引起血液系统损害。如苯、三硝基甲苯、四氯化碳等可抑制造血机能,引起血液中红细胞、白细胞和血小板减少,发生再生障碍性贫血。苯可致白血症已得到公认,其发病率为 0.14/1 000。

(6)循环系统

胶黏剂中的苯、某些刺激性气体及窒息性气体对心肌有着很大的损害,其表现为心慌、胸闷、心前区不适、心率快等。

2. 常用胶黏剂组分的毒性

(1)环氧树脂

环氧树脂是高分子链结构中含有两个或两个以上环氧基团的高分子化合物的总称,属于热固性树脂,其中最典型的是双酚 A 型环氧树脂。双酚 A 型环氧树脂是低分子聚合物,本身可以认为基本上无毒。但环氧树脂中残留的单体有一定的毒性,其中毒性较大的是胺类固化剂,特别是乙二胺对呼吸系统、血液系统、神经系统和皮肤组织等都有较严重的刺激和毒害。其次,环氧胶黏剂中的活性稀释剂挥发性很大,对皮肤有很强的刺激。不同的环氧树脂其毒性有较大差别,见表 A-7-2。其中,以丁二烯环氧的毒性为最大,$LD_{50}$ 为 88 mg/kg。

表 A-7-2　不同类型环氧树脂的毒性

| 名　称 | $LD_{50}/(mg \cdot kg^{-1})$ | 毒性等级 | 名　称 | $LD_{50}/(mg \cdot kg^{-1})$ | 毒性等级 |
|---|---|---|---|---|---|
| 双酚 A 环氧 | 11 400 | Ⅴ实际无毒 | Y-132 环氧(6206) | 2 830 | Ⅳ低毒 |
| 丁二烯环氧 | 88 | Ⅱ高毒，接近中毒 | 680 酚醛环氧 | 2 000～3 000 | Ⅳ低毒 |
| 6201 环氧 | 4 920 | Ⅳ低毒，接近无毒 | | | |

(2)酚醛树脂

酚醛树脂是一种高分子化合物，由酚类和醛类在酸性或碱性介质中缩聚反应得到，本身无毒。酚醛树脂的毒性主要来源于酚醛树脂单体和溶剂，如苯酚、甲醛、甲苯等。苯酚急性中毒 $LD_{50}$ 为 530 mg/kg，属Ⅳ低毒，近Ⅲ中毒，主要危害是灼伤皮肤及损害中枢神经。甲醛的 $LD_{50}$ 为 500 mg/kg，介于Ⅲ中毒与Ⅳ低毒之间，甲醛有强烈的刺激作用，会引起鼻炎、咽炎和过敏性皮炎。接触空气中的甲苯浓度在 750 $mg/m^3$ 时即可引起急性中毒，出现头痛、呕吐及瞳孔扩大等症状，因此，甲苯在车间现场空气中最高允许浓度为 100 $mg/m^3$。

(3)聚氨酯树脂

聚氨酯的毒性主要是单体甲苯二异氰酸酯，$LD_{50}$ 为 5 800 mg/kg，属Ⅴ实际无毒，但有强烈的刺激性气味，刺激呼吸道黏膜，它能够破坏黏膜，少量吸入咽部感到干燥、发痒、有咳嗽，引起呼吸道损伤，长期大量吸入会引起哮喘性支气管炎，严重时可发生肺水肿等症。

(4)环氧树脂的固化剂和其他助剂

固化剂，尤其是胺类固化剂，均有一定毒害作用，如间苯二胺、增塑剂、磷酸三甲酚酯等毒性极大，对肝脏和肾脏有伤害作用，甚至可以致癌。而改性的胺类固化剂的毒性大为降低。表 A-7-3 中列出了某些固化剂、助剂的毒性数据。

表 A-7-3　固化剂和助剂的毒性

| 名　称 | $LD_{50}/(mg \cdot kg^{-1})$ | 毒性等级 | 名　称 | $LD_{50}/(mg \cdot kg^{-1})$ | 毒性等级 |
|---|---|---|---|---|---|
| 间苯二胺 | 80 | Ⅲ中毒，接近高毒 | 低分子聚酰胺 | | 毒性可以忽略不计 |
| 4,4-二氨基二苯甲烷 | 126～252 | Ⅲ中毒 | MA 水下环氧固化剂 | 2 950 | Ⅳ低毒 |
| 顺丁烯二酸酐 | 400～800 | Ⅲ中毒，接近低毒 | GY-051 缩胺 | 3 493 | Ⅳ低毒 |
| 乙二胺 | 620 | Ⅳ低毒，接近中毒 | 2-乙基-4-甲基咪唑 | 1 180 | Ⅳ低毒 |
| 二乙氨基丙胺 | 1 410 | Ⅳ低毒 | 79-3 固化剂 | 2 647 | Ⅳ低毒 |
| 五乙烯六胺 | 1 600 | Ⅳ低毒 | 十二烯基琥珀酸酐 | 3 200 | Ⅳ低毒 |
| 二乙烯三胺 | 2 330 | Ⅳ低毒 | 邻苯二甲酸二丁酯 | 8 000 | Ⅳ低毒 |
| 四乙烯五胺 | 2 100～3 900 | Ⅳ低毒 | 甲基丙烯酸甲酯 | 3 600(白鼠) | Ⅳ低毒，接近中毒 |
| 三乙烯四胺 | 4 340 | Ⅳ低毒 | | 8 700(家鼠) | |
| β-羟乙基乙二胺 | 4 032 | Ⅳ低毒，接近无毒 | 丙酮 | 5 300 | Ⅴ实际无毒，接近低毒 |
| N-羟乙基乙二胺 | 4 800 | Ⅳ低毒，接近无毒 | 乙酸乙酯 | 5 600 | Ⅴ实际无毒，接近低毒 |
| 邻苯二甲酸酐 | 800～16 00 | Ⅳ低毒 | 810 水下固化剂 | 5 000 | Ⅳ低毒与Ⅴ无毒之间 |
| 六氢邻苯二甲酸酐 | 1 200 | Ⅳ低毒 | | | |

当黏料、固化剂、增塑剂、溶剂、填料等混合在一起，经过充分的固化反应后形成坚硬的物质，没有游离单体利气体溢出，基本无毒。环氧树脂胶黏剂固化后一般是没有毒的。然而若对固化的环氧胶黏剂进行机械加工，有粉尘产生，且有可能分解出有害物质，虽然很少，也须注意通风排风。

3. 胶黏剂组分的可燃性

胶黏剂的许多合成物都容易燃烧，尤其是溶剂、稀释剂不仅会燃烧，一旦与空气混合到一定浓度范围时，遇到明火还会引起爆炸。而且值得注意的是，有机溶剂蒸气都比空气的密度大，会沿着桌面或地面飘移到很远处，或者会沉积在低洼处，易造成火灾或爆炸。常用的易燃溶剂的蒸气爆炸极限值见表 A-7-4。

**表 A-7-4　常用易燃溶剂的蒸气爆炸极限**

| 名　　称 | 沸点/℃ | 闪点/℃ | 与空气混合的爆炸范围(体积)/% |
|---|---|---|---|
| 甲醇 | 64.7 | 11 | 6.0～36.5 |
| 乙醇 | 7 804 | 12 | 4.0～18 |
| 乙醚 | 35.6 | −45 | 1.8～40 |
| 丙酮 | 56.2 | −7.5 | 2.5～12.8 |
| 苯 | 80.2 | −11 | 1.4～8.0 |

对胶黏剂（尤其是溶剂型胶液）的各种操作务必在远离火源的地方进行，特别要注意通风。废弃液的倾倒要在通风柜内操作，并远离火源。废液应倒入专用桶（带盖）内，集中处理，绝不允许随意倒入水槽，任其漂流。

工作场地应配置必要的灭火设施，一般以二氧化碳灭火器最佳，也可配置四氯化碳灭火器、泡沫灭火器等，另外还须配置砂箱或石棉毯等。工作人员应学会使用灭火器械，以防不测。

## 7.2　防护措施

1. 安全防护措施

胶黏剂中的一些成分有毒性、燃烧性和爆炸性，在生产和使用胶黏剂时都要采用有效的防护措施。

(1)应了解所用胶黏剂的毒性和危险性。

(2)尽量选用无毒或低毒成分的胶黏剂和辅助材料。

(3)粘接工作场地加强通风排风，及时排出毒气和粉尘，使空气中的有害物质浓度确保在允许的标准范围内。加热操作应在通风柜内进行。例如，在制备脲醛树脂胶黏剂、聚氨酯胶黏剂时，甲醛、异氯酸酯等材料浓度较大，须在通风柜、排风良好场所操作。

(4)称量、混合、配胶应在通风良好的环境进行或隔离操作，减小伤害。

(5)操作时应严格遵守有机物和毒物的一般安全操作规程，尽量避免用手直接接触药物，要戴口罩，穿工作服，戴防护手套或使用液体手套。工作结束后，要立即洗手。

液体手套一般由干酪素经溶胀后加甘油等配制而成，涂抹于手部可防化学药品的腐蚀、侵害，尤其适宜于有机物操作应用。液体手套配方见表 A-7-5。

表 A-7-5　液体防护手套

| 材　料 | 配方一 | 配方二 | 材　料 | 配方一 | 配方二 |
|---|---|---|---|---|---|
| 干酪素 | 100 g | 60 g | 无水乙醇 | 360 $cm^3$ | 280 $cm^3$ |
| 水 | 280 $cm^3$ | 280 $cm^3$ | 苯甲酸钠 | 0.5～1 g | — |
| 氨水(25%) | 17 $cm^3$ | — | 无水碳酸钠 | — | 8 g |
| 甘油 | 80 $cm^3$ | 35～75 $cm^3$ | | | |

配制方法如下：先将干酪素加水，放在恒温水浴中，在 70～80 ℃下保温 3 h 以上，使干酪素充分膨胀。然后加入溶解好的无水碳酸钠或氨水，充分搅拌均匀，再加入其他组分，搅匀。

使用方法如下：将手洗净、擦干，将液体手套液均匀地涂在手上，伸屈手指 2～5 min 后胶液干燥，手上结成一层薄膜，就有防护作用。

(6)严禁在工作场地进食、吸烟。

(7)保持工作场地的整洁，及时清除剩胶、废棉纱团以及其他污物。有毒物品要储存在专用柜内，放在阴凉干燥处，由专人保管。溶剂或胶黏剂使用后立即盖严密封，远离火源。

(8)施工现场要配备各项急救器件和消防器具，按规定做好定期检查。急救箱内应配置有绷带、纱布、棉花、凡士林、硫酸镁、醋酸溶液(1%)、碳酸氢钠溶液(1%)、酒精、甘油等。

2. 急救措施

如发生毒物溅入口中尚未咽下者应立即吐出，用大量水冲洗口腔，如已吞下，应根据情况给以不同解毒剂，再送医院救护。

对于刺激性及神经性毒物，先给牛奶或鸡蛋清使之立即冲淡和缓和，再用硫酸镁 30 g 溶于一杯水中催吐，后送医院。对于强酸，先饮大量水，再服用氢氧化铝膏、鸡蛋清。对于强碱，也应饮大量水，然后服用醋、鸡蛋清，禁用呕吐剂。

## 7.3　危化品的安全操作与危废处理

1. 危化品的安全使用

粘接的过程中用到的化工品对身体都是有害的，操作工人要正确戴好防护劳保用品(工作服、工作帽、防护手套、防毒面具等)。

危化品健康危害：接触高浓度蒸汽出现头痛、嗜睡、共济失调以及眼鼻喉刺激症状；口服可致恶心、呕吐、腹痛、腹泻、嗜睡、昏迷甚至死亡；长期皮肤接触可致皮肤干燥、皲裂。

(1)急救措施

①皮肤接触：脱去污染的衣物，用肥皂和清水彻底冲洗皮肤。

②眼睛接触：提起眼睑，用流动清水或生理盐水冲洗，随后紧急就医。

③吸入：迅速离开现场到空气新鲜处，保持呼吸道通畅。呼吸困难者立刻输氧施救，一旦呼吸停止立即实施人工呼吸，紧急就医。

④食入：饮足量温水，催吐，及时去医院洗胃。

(2)操作注意事项

避免密闭操作，全面通风。操作人员必须经过专门培训，严格遵守操作规程。建议操作人员佩戴过滤式防毒面具，戴好安全防护眼镜，穿防护静电工作服，戴乳胶手套。远离火种、热源，工作场所禁止吸烟。搬运时轻装轻卸，防止包装及内部容器损坏。配备相应品种和数量的消防器材及应急处理设备。使用完的空瓶也要专门存储。使用完后应立即拧紧瓶盖，厂房内禁止乱放。

(3)储存注意事项

储存于阴凉、通风的化工柜，远离火种、热源。保持容器密封，应与氧化剂、酸类物料分开存放，采用防爆照明、通风设施。

2. 危废处理

擦拭用的清洁材料使用完后应放到有害垃圾桶内，有害垃圾和普通工业垃圾应分开处理，严禁混放。使用完的空瓶，不能乱丢，应专门存储统一回收处理。

作业过程中应严格遵守工艺文件作业，还应严格遵循对环境保护的原则，对危化品、危废品正确处理。

## 7.4 粘接技术的环保

胶黏剂属于有机高分子化合物，随着科技的发展，各种多功能、高性能的胶黏剂在现代工业各领域中得到了日益广泛的应用，已经成为现代工业和国防工业不可缺少的一种材料。目前市场上最常用的三类环保型胶黏剂即热熔型胶黏剂、无溶剂型胶黏剂、水基型胶黏剂。

国家颁布《室内建筑装饰材料有害物质限量》10项强制性标准后，环保已成为胶黏剂行业的热门话题。发展低毒和无毒的环保型胶黏剂已成为国际主流，今后胶黏剂的发展方向应该是环保型的热熔型、水基型和无溶剂型胶黏剂。未来全球合成胶黏剂市场将以低污染的水基胶和热熔胶为主流，环保型胶黏剂将成为市场的抢手货，必将受到用户的青睐。

1. 发展环保型胶黏剂的意义

粘接是指同质或异质物体表面用胶黏剂连接在一起的技术，具有应力分布连续、质量轻、可密封、多数工艺温度低等特点。粘接技术近代发展最快，应用行业极广，并对高新科学技术进步和人民日常生活改善有重大影响。胶黏剂的环保问题主要是对环境的污染和人体健康的危害，这是由于胶黏剂中的有害物质，如挥发性有机化合物、有毒的固化剂、增塑剂、稀释剂以及其他助剂、有害的填料等所造成的。很多胶黏剂都不同程度地存在着对环境污染的潜在因素。胶黏剂中的有害物质主要是苯、甲苯、甲醛、甲醇、苯乙烯、三氯甲烷、四氯化碳、甲苯二异氰酸酯、间苯二胺、磷酸三甲酚酯、乙二胺、二甲基苯胺、煤焦油、石棉粉、石英粉等。

胶黏剂工业突飞猛进的发展为社会提供了许多新胶种，同时也给环境带来了新的污染问题。胶黏剂的功能和应用已受到广泛重视，而胶黏剂的环保问题却往往被人所忽视。但在环境意识和健康意识日益提高的今天，对胶黏剂环保问题的要求将愈加严格，保护环境显得更为重要，生产者应力推环保型绿色胶黏剂，使用者则渴望能用上无毒无害的胶黏剂。因此，研究、开发和生产各类胶黏剂十分重要，而且非常需要了解胶黏剂的环保问题。环保型胶的特点就是在使用过程中对人体无伤害、绿色环保等。

2. 环保型胶黏剂的分类

根据我国胶黏剂市场的供需情况，胶黏剂的发展方向主要是环保型，其品种主要有：环保型氯丁橡胶胶黏剂、VAE乳液胶及其改性胶黏剂、热熔胶、高性能环氧树脂胶、水性聚氨酯胶。

热熔胶是一种环保型胶黏剂，也是近年来国际上开发和应用较快的一种新型胶黏剂，因产品本身是固体，便于包装、运输、储存，无溶剂、无污染，以及生产工艺简单、高附加值、粘接强度大、速度快等优点而备受青睐。热熔胶是一种在室温下固态,加热到一定温度后即熔化为液态流体的热塑性胶黏剂。将液态热塑性胶黏剂涂敷于物体表面,合拢冷却至室温,就可以将被粘物连接在一起,具有一定的胶结强度。它的优点之一是可制成块状、薄膜状、条状或粒状,使包装、储存、使用都极为方便;另外,它的粘接速度快,适合工业部门的自动化操作以及高效率的要求。由于使用过程中无溶剂挥发,因此不会给环境带来污染,利于资源再生和保护环境。国内目前 EVA 类、聚酰胺类、聚酯类、SBS、SIS 类、聚氨酯类等主要品种基本都能生产,且已有一定规模。

水性胶黏剂是一个最古老的品种。在过去,人们全是以含有骨胶、干酪素等天然物系的水溶性高分子做胶黏剂。到了 20 世纪 60 年代初,这个领域才有了新的发展。近年来,在胶黏剂开发研究中,推行安全无公害化,特别是无溶剂化,促进了水基胶黏剂的发展。水基性胶黏剂既以水作为分散介质的胶黏剂,又分为水溶型胶黏剂、水分散型胶黏剂和水乳型胶黏剂,是环保胶黏剂的一大类。

水性胶黏剂就是以水为高聚物的分散介质,当高聚物溶于水,称为水溶性胶黏剂,而当高聚物借助乳化剂的作用分散于水中,则称为水乳型胶黏剂。水性胶黏剂的优点有:对环境友好、无毒、不可燃、固含量高、可用现有的应用设备较易清洗。例如,水性丙烯酸酯胶黏剂通过有机硅改性水性丙烯酸酯,能赋予丙烯酸酯乳液一些新的性能。

近些年水基胶环保型胶黏剂在我国发展迅速,在产量增长的同时,产品质量也在不断提高,品种增多,一些技术含量高、性能好的胶黏剂不断出现,如抗寒耐水性好的乳胶,耐擦洗、耐污染和耐水性好的有机改性丙烯酸建筑用乳液等。

无机胶黏剂是由无机盐、无机酸、无机碱和金属氧化物等组成的一系列范围相当广泛的胶黏剂。无机胶黏剂是一种新型胶黏剂,突出优点是耐高温性极为优秀,而且又能耐低温。它的耐油性优良,无机胶黏剂的优点是:成本低、不易老化、结构简单、黏结度高、使用方便、可以室温固化。缺点是耐酸碱性和耐水性较差,脆性较大,不耐冲击,且耐老化性不够。

无机胶黏剂的品种很多,按照固化条件分为气干型、水固型、热熔型以及反应型。无机胶大部分是由固体与液体混合而成的一种糊状物,原料易得。一般的有机胶黏剂能承受的高温通常都在 100 ℃以下。如乳胶在 60 ℃以下,环氧树脂在 100 ℃左右,酚醛树脂在 220 ℃左右。而无机胶黏剂能承受的高温达 600～900 ℃,改进成分后达到 1 800 ℃以上。通常是水溶性的,毒性小,不燃烧,无环境污染;热膨胀系数小,仅为钢铁的 1/10,陶瓷的 1/3;耐油、耐辐射、不老化,耐久性好。但是不耐酸、碱的腐蚀、耐水性较差,脆性较大,不耐冲击。可以室温固化,基本不收缩,有的反而略有膨胀。套接、槽接粘接性强度高,不宜平接,套接拉伸剪切强度大于 100 MPa。

水性胶黏剂是另一类环保型胶黏剂,国外曾开发水性丙烯酸酯胶黏剂,大多用异氰酸酯做固化剂。因其在北美原料充足、价格便宜、固含量高、黏度低,成功地在复合薄膜市场中占有较大份额。

3. 环保型胶黏剂的发展之路

目前,世界各国都在积极探索双组分溶剂型聚氨酯胶黏剂的替代产品,如无溶剂胶黏剂、热熔胶黏剂、水性聚氨酯胶黏剂、醇溶性聚氨酯胶黏剂等环保型胶黏剂,而且已经在某些领域取得了长足进展。环保型胶黏剂的研发和市场推广方面,各国所走的路有很大差异,采取的措施也不同。

在欧洲,水分散型聚氨酯胶黏剂和无溶剂胶黏剂的研究已走在前列,其市场发展较快;在美国，反应型热熔胶黏剂的发展较快，但还没有哪种新型胶黏剂可以完全替代溶剂型双组分聚氨酯胶黏剂。而且，从目前市场的总体情况来看，溶剂型聚氨酯胶黏剂的需求量仍在不断增长，且增长量远远超过其他类型的胶黏剂。

为了避免对环境污染和生态破坏，发展低污染或无污染的环保型胶黏剂势在必行。环保型胶黏剂，是指对环境无污染，对人体无毒害，符合“环保、健康、安全”三大要求的胶黏剂。为适应社会及环保的需要，胶黏剂的品种应加速更新换代，其发展方向是水性化、固体化、无溶剂化、低毒化。

(1)水性化

胶黏剂的水性化就是以水为溶剂或分散介质制得水基胶黏剂，由于不用有机溶剂，从而杜绝了溶剂污染。应当指出，不是所有水基胶黏剂都无污染，如脲醛胶和107胶也是水性胶，污染却很严重。乳液型丙烯酸酯压敏胶可以代替溶剂型压敏胶。水性覆膜胶由于无毒性、不燃烧、无公害、使用安全已开始代替溶剂型覆膜胶。日本研制成功水性聚氨酯胶黏剂，适用于汽车内部装修，完全有可能取代现行通用的溶剂型胶黏剂，非常有益于改善环境。在聚乙烯醇(PVA)水溶液中配入异氰酸酯或预聚体，制成乙烯基聚氨酯乳液，能够代替脲醛胶，彻底解决甲醛释放问题。水性胶黏剂以无毒害、不污染而备受青睐，但其不足之处是干燥速度慢、耐水性差、防冻性不好。应当增高固体部分、加快干燥速度，例如采用交联方法，提高干燥速度和耐水性，以扩大它的应用。

(2)固体化

固体化是胶黏剂以固态形式使用，如热熔胶、热熔压敏胶、水溶粉状胶、反应型棒状胶、办公用固体胶棒等，在涂布和粘接过程中都无挥发物放出，完全没有环境污染。国外推崇使用粉状胶，其具有性能稳定、无环境污染等优点。美国CP胶黏剂公司生产了一种脲醛树脂粉，本身含有固化剂和填料，无气味、无污染、无毒害，用作优良的通用型木材胶黏剂。

国内已出现一种高强优质的粉状胶黏剂——邦家强力胶粉，加水混合后成为聚合物分散体，具有突出的粘接性、耐水性和耐老化等。美国生产了一种环氧胶棒应用于应急修补、堵漏，非常方便。

(3)无溶剂化

无溶剂化是指胶黏剂中不含溶剂，不会产生任何刺激性气味，同时解决了包装中溶剂的残留问题，从而不会造成污染和危害。绝大多数环氧胶、厌氧胶、α-氰基丙烯酸酯胶、需氧改性丙烯酸酯结构胶黏剂、无溶剂聚氨酯胶、光固化胶黏剂都属于无溶剂型品种。

由于无溶剂胶黏剂不含有机溶剂，在生产、运输、存储及使用过程中不存在火灾、爆炸的隐患，无须防爆和保暖措施，也无须专门用于储存溶剂的库房，更重要的是对操作工人的身体健康没有危害。

(4)低毒化

溶剂型胶黏剂干燥速度快、耐水性好，虽然污染性和毒性较大，但是目前还不能完全被水基胶黏剂取代，可采用低毒或无毒溶剂，如环已烷、醋酸乙酯、丁酮、碳酸二甲酯等，制成无毒或低毒的溶剂型胶黏剂。

清洁生产新工艺能实现经济效益和环境效益的统一，生产环境友好的胶黏剂。放弃使用气味大的甲基丙烯酸甲酯，改用高沸点的单体。生产改性丙烯酸酯快固结构胶黏剂。在胶黏剂配制和生产过程中不使用有毒原料，如甲醛、氯化溶剂、芳香烃溶剂、含有毒重金属填料等。

在无毒无害条件下进行生产,如用多聚甲醛代替甲醛溶液生产改性胺类固化剂。采用增加盐酸用量,降低 pH 值,能使聚乙烯醇缩甲醛反应更完全,可使游离甲醛含量降低到 0.2%以下,基本闻不到甲醛气味。添加甲醛捕捉剂,如淀粉、聚乙烯醇、三聚氰胺等,可明显地降低脲醛树脂胶黏剂游离甲醛含量。其中氧化淀粉比普通淀粉效果更好,可使游离甲醛含量<0.1%。

解决胶黏剂的环保问题也必须有法律保障,制订胶黏剂的环境质量标准,加强监督,严格管理,不达标者不准生产、不准销售,限制"三苯"胶的生产与使用,限制"三醛"胶的游离甲醛含量,限制有害气体的排放量,限制氯化溶剂的使用。

水性聚氨酯胶黏剂因其环保性而越来越受到重视,市场潜力巨大。环保节能产品受青睐,胶黏剂的高固含量、无溶剂、水性、光固化等环境和低温固化、废弃物再生利用等节能的生产技术将会越来越重视,并不断加大研究开发力度,加快发展低毒、无毒、水性、易生物降解等环保节能型产品。

胶黏剂属于新领域精细化工产品,在迅猛发展的同时,却带来了环境污染和危害健康问题,已引起了广泛的关注,必须重视保护环境,绝不能以牺牲环境和浪费资源为代价而换取经济的一时增长。胶黏剂所用的芳香烃溶剂、氯化溶剂、芳香胺固化剂、苯乙烯、氯乙烯、甲醛、甲醇、石棉粉等都会造成环境污染和人体的危害。为防止污染、保护环境、减少危害、促进发展,胶黏剂的生产和使用都必须增强环保意识,发展水性化、无溶剂化、固体化、低毒化等环保型色胶黏剂。

未来胶黏剂生产的发展是走向规模化、集约化。在胶黏剂档次参差不齐的情况下,应根据市场的需求,积极开发研制高性能、高附加值的胶黏剂。重点开发绿色产品的水性胶、热熔胶,加大对"三醛"胶和不利于环境的传统胶黏剂产品的科技开发力度,对其进行改性,使其向对环境友好方向转化;加大对胶黏剂的投资比重;不断更新胶黏剂的施工工艺和施胶设备,积极发展我国胶黏剂的品牌产品,以便在国内外市场上占有一席之地,利用市场手段实现胶黏剂生产的集约化和规模化,从而降低生产成本,提高产品质量和档次,更有利于能源和资源的合理利用及环境污染的防治,提高在国际市场的竞争力。

## 小　结

毒性是指外源化学物在一定条件下损伤生物体的能力。对少量侵入人体能与人体组织发生物理或化学作用,从而引起人体正常生理机能的破坏,使人体呈现病态(中毒)的物质,称为毒性物质,简称毒物。

毒物中毒按其作用不同,可分急性中毒和慢性中毒,大量毒物迅速进入人体,很快引起中毒甚至死亡者,称为急性中毒;少量毒物逐渐进入人体,经过较长时间积蓄而引起的中毒,称为慢性中毒。

毒性物质危害人体的主要途径:呼吸系统、皮肤和黏膜组织、消化系统、神经系统、血液系统、循环系统。

环氧树脂是高分子链结构中含有两个或两个以上环氧基团的高分子化合物的总称,属于热固性树脂,其中最典型的是双酚 A 型环氧树脂。双酚 A 型环氧树脂是低分子聚合物,本身可以认为基本上无毒。

酚醛树脂是种高分子化合物,由酚类和醛类在酸性或碱性介质中缩聚反应得到,本身无毒。酚醛树脂的毒性主要来源于酚醛树脂单体和溶剂，如苯酚、甲醛、甲苯等。

聚氨酯的毒性主要是单体甲苯二异氰酸酯。有强烈的刺激性气味，刺激呼吸道黏膜。

在生产和使用胶黏剂时，应采取的防护措施：了解所用胶黏剂的毒性和危险性；尽量选用无毒或低毒成分的胶黏剂和辅助材料；粘接工作场地加强通风排风；称量、混合、配胶应在通风良好的环境进行或隔离操作；操作时应严格遵守有机物和毒物操作的一般安全操作规程。

环保型胶黏剂主要有：环保型氯丁橡胶胶黏剂、VAE乳液胶及其改性胶黏剂、热熔胶、高性能环氧树脂胶、水性聚氨酯胶。

环保型胶黏剂的发展方向是水性化、固体化、无溶剂化、低毒化。

## 思考与练习

**一、填空题**

1. 胶黏剂中的________、________、________毒物能引起血液系统损害。

2. 甲醛的 $LD_{50}$ 为________ mg/kg，介于Ⅲ中毒与Ⅳ低毒之间，甲醛有强烈的刺激作用，会引起鼻炎、咽炎和过敏性皮炎。

3. 胶黏剂中的有害物质主要是________、甲苯、________、甲醇、苯乙烯、三氯甲烷、________、甲苯二异氰酸酯、间苯二胺、磷酸三甲酚酯、乙二胺、二甲基苯胺、煤焦油、________、石英粉等。

4. 热熔胶是一种________胶黏剂。

5. 胶黏剂发展方向是________、________、________、________。

**二、思考题**

1. 在使用胶黏剂时应采取哪些防护措施？

2. 胶黏剂操作过程中如何进行防火？

3. 环保型胶黏剂的发展方向有哪些？

4. 胶黏剂中的毒性物质主要通过哪些途径危害人体健康？

# 模块 B

## 能 力 提 升

# 工作任务1　客室车窗的粘接

## 学习目标

1. 知识目标

(1)了解粘接前的准备工作。

(2)熟知常用的工具及工装设备。

(3)掌握影响粘接质量的粘接表面状态。

(4)掌握动车组客室车窗的粘接工艺。

(5)掌握扭力扳手的规范使用。

2. 能力目标

(1)具备遵守化工品的使用规范及危废处理的能力。

(2)能够修整胶嘴的状态改变施胶量及胶条状态(胶嘴开口角度、孔径及深度)。

(3)能够对动车组客室车窗进行粘接工艺处理。

(4)会对扭力扳手进行规范使用,会调节扭力值大小。

(5)具备"5S"现场管理的能力。

3. 素质目标

(1)爱岗敬业、认真钻研、改善创新。

(2)具有高尚的职业道德,遵守规章制度,做一位高素质的守法技术人才。

## 任务描述

动车组的客室车窗与车体是用胶黏剂以及螺栓连接在一起的,足够的粘接强度可以满足动车的连接要求。胶黏剂有密封、防水、减振和隔声的作用,两者的结合满足了动车组列车在轨道上高速运行中安全、可靠、舒适的性能。

## 任务实施

动车组客室侧窗采用铝合金窗框结构,双层中空安全钢化玻璃,用胶黏剂将玻璃粘接到金属框上,组成了单件侧窗结构。侧面车窗粘接采用的胶黏剂为Bostik7003(黑色),此类胶不含溶剂,具有无味、抗紫外线、抗老化、性能稳定、着色性能好的特性,属于环保型产品。适用于多种工业漆,附着能力强,储存期长达12～18个月。适合结构性的粘接。对于侧面车窗的粘接工艺如下。

1. 工作前准备

(1)确认工作场地温湿度:10 ℃$\leqslant T \leqslant$35 ℃,相对湿度$\geqslant$40%。

(2)确认车体及车窗已同温8 h以上,胶黏剂同温24 h以上。

(3)确认化学品(清洁剂、活化剂、底涂、胶黏剂、修复剂等)在有效期内;准备相应 MSDS(材料安全数据表)。

(4)记录场地温湿度,车体、车窗、胶黏剂同温时间,清洁剂、活化剂、底涂、胶黏剂的批次号和有效期。

(5)穿戴好橡胶手套、防护口罩、劳保鞋等劳保用品。

(6)根据表 B-1-1 所示玻璃外观检查标准,检查玻璃外观。

**表 B-1-1　玻璃外观检查标准**

| 缺陷种类 | 允许个数 |
|---|---|
| 气泡 | 0.5～1.5 mm:任意一个 300 mm 正方形内不超过 2 个 |
| 夹杂物 | 0.5～1.5 mm:任意一个 300 mm 正方形内不超过 1 个 |
| 轻划伤(500 mm 处观察不可见) | 不影响视线的不限 |
| 宽度不大于 0.5 mm 的重划伤 | 直径 300 mm 圆内总长度不得超过 30 mm |
| 上述缺陷(气泡、夹杂物、重划伤、轻划伤)混在一起时的总允许个数 | (1)任意一个 300 mm 正方形内,中央部都不得超过 3 个,周围不得超过 5 个<br>(2)不得有超过上述各栏中的最大缺陷<br>(3)允许有小于最小长度的缺陷存在,但不得密集,影响视野 |

2. 研装

粘接前将 M6 特殊螺栓从车体滑槽缺口处穿入,放入窗体,使用 PVC 衬垫调整车窗高度,使用橡胶垫块调整车窗外表面和车体外表面高度差,橡胶垫块为 1 mm×20 mm×50 mm 和 3 mm×20 mm×50 mm 两种规格,车体窗框和车窗外板之间的橡胶垫厚度不低于 1 mm;玻璃外表面高于车体外表面不大于 1 mm,低于车体外表面不大于 2 mm。调整压板与车体滑槽间的铝衬垫和 PVC 衬垫,可使用直铝调整垫与楔形调整垫,但每个压板固定处必须使用 1 mm 厚 PVC 衬垫;窗体与外侧车体窗口上下左右缝隙均匀,胶缝尺寸(15±1) mm。根据车窗安装位置,使用记号笔标记窗体压板紧固位置,取下车窗,粘贴橡胶垫和车窗下部 PVC 衬垫。

3. 待粘接件表面预处理

(1)清洁:用干净无纺布蘸取异丙醇擦拭待粘接表面,去除灰尘、油脂及其余残留物,干燥 15 min 以上,用计时器计时,并在"产品质量记录表"中记录。

(2)打磨:用 80 目砂纸打磨车体侧墙、车窗需要密封区域表面,直到露出金属本色。使用吸尘器及白布清洁车体窗框、车窗四周,不得有污物、油脂。

(3)再清洁:使用清洁剂异丙醇擦拭车体及玻璃待粘接表面,清洁时须沿一个方向擦拭,不得往复擦拭,确保待粘表面清洁、干燥,无灰尘、油脂及其他冷凝物,擦拭干净后干燥 15 min,用计时器计时,并在《产品质量记录表》中记录。

(4)防护:使用防护胶带防护车窗外表面和车体侧墙外表面。

(5)活化底涂:使用海绵蘸取 Primer M 在玻璃以及窗框的密封区域涂薄薄一层。Primer M 施工的时候,使用干净海绵块湿润,然后沿一个方向涂抹一次,底涂越薄越好,充分覆盖粘接面,不露底,形成饱满的涂层,干燥 15 min 以上。Primer M 使用后立即盖上盖子。

若底涂施工后因特殊原因无法在短时间内粘接，需做好防护，避免灰尘、指纹等污染底涂。若底涂干燥超过 6 h，不允许继续粘接，需用 240 目砂纸将底涂打磨后重新涂刷。

4. 侧窗安装工艺

(1)施胶

安装胶管之前，剪切斜口胶嘴约 45°角，开孔孔径约 15 mm。将 Bostik7003 胶(黑色)打在蒙皮内表面，用刮刀将胶密封于密封板与蒙皮的缝隙处。在涂胶静置 10 min 内安装车窗，调整车窗与车体窗口缝隙，使上下左右均匀，与研装时位置一致。车窗与车体之间的间隙尺寸(15±1) mm，车体表面与玻璃表面高度差(−2，+1) mm。

(2)紧固车窗

通过特殊螺栓 M6 加螺母、垫圈紧固车窗压板。螺栓紧固前使用乐泰-7070 清洗剂清洁，并涂打乐泰-243，螺钉按对称位置紧固，用力均匀适度，不得导致窗框变形错位，M6 特殊螺栓的紧固扭力值为 9 N·m，完成后划防松标记。

(3)车内打胶及防寒材安装

在窗外框与车体之间涂打密封胶。在窗外框与车体之间周围缝隙填塞隔声材，隔声材允许现车研割裁切，在垫板和压板处断开，可以使用双面胶带辅助隔声材粘贴，保证填充牢固不脱落。

(4)车窗外部密封

①清洁

a. 检查窗框边沿是否有漆雾或异物。若有使用 80 目砂纸打磨平整，再使用异丙醇进行清洁。

b. 使用无纺布蘸取 Primer M 清洁司机室逃生窗待密封位置，晾干至少 15 min。

②防护

使用纸胶带沿侧窗和车体侧墙的缝隙周边进行防护，纸胶带粘贴横平竖直、平整、无起皱、无毛边毛刺。

③密封及修胶

用气动胶枪将车外密封黑胶在车体与玻璃缝隙处填胶，用刮板将胶刮平。注意沿同一方向刮胶，禁止来回刮胶。拐角部位进行精修，要求密封胶平整美观。密封完成后撕除纸胶带，清理残胶。若有密封胶局部外观不良，应马上用皂液进行修补。

5. 自互检

(1)检查车窗与车体侧墙平面度满足要求：车体表面与玻璃表面高度差(−2，+1) mm。

(2)检查客室车窗与车体之间间隙保证在(15±1) mm。

(3)检查自互检标记是否完整。

(4)检查密封胶要求 1 m 外观察，密封胶表面无气泡，平整美观，无刮板收尾痕迹，无明显塌陷，无明显划痕，边缘齐整，胶面光泽度无明显差异。

6. “5S”管理

将使用完毕的胶黏剂、沾染胶黏剂的纸胶带等辅料放入有害工业垃圾桶内，并确认底涂、清洗剂、活化剂等未使用完的物料密封良好。

## 任务评价

考核评价表

| 姓名 | | 班级 | | 学号 | | 日期 | |
|---|---|---|---|---|---|---|---|
| 任务名称 | | | | 地点 | | | |
| 评价项目 | 评分依据 | | | 优秀 | 良好 | 合格 | 继续努力 |
| 任务实施背景<br>(10) | 清楚任务要求<br>清晰解决方案 | | | | | | |
| 任务实施准备<br>(20) | 环境温湿度检测<br>防护用品穿戴 | | | | | | |
| 任务实施过程<br>(40) | 操作步骤清楚无误<br>遵守规章制度 | | | | | | |
| | 团队精神<br>合作意识 | | | | | | |
| | 安全文明操作<br>危化品处理 | | | | | | |
| 任务实施效果<br>(30) | 任务完成结果 | | | | | | |
| 任务反思 | | | | | | | |
| 综合评价 | | | | | | | |

**学生工作单**

<table>
<tr><td>工作任务</td><td colspan="3">动车组车窗的粘接</td></tr>
<tr><td>目标</td><td colspan="3">1. 掌握粘接工作环境要求<br>2. 掌握粘接表面处理的操作流程<br>3. 掌握施胶操作要点<br>4. 掌握粘接过程中的缺陷原因分析</td></tr>
<tr><td>班级</td><td></td><td>姓名</td><td></td></tr>
<tr><td>学习小组</td><td></td><td>工作时间</td><td></td></tr>
<tr><td colspan="4">[理论认知]<br>1. 确认工作场地温湿度：________，________。<br>2. 确认车体及车窗已同温________小时以上，胶黏剂同温________小时以上。<br>3. 施胶时胶嘴成斜口孔径为________ mm，开口角度为________，打出________形状胶条。满足工艺和________。<br>4. 待粘接表面处理方法有哪些？<br>5. 粘接后车窗平面度不能满足要求原因分析？</td></tr>
<tr><td colspan="4">[任务实施]<br>1. 任务实施前的准备工作有哪些？<br>2. 任务实施过程中遇到了哪些问题？如何解决？</td></tr>
</table>

[任务评价]

| 学生姓名 | 小组自评(20 分) | 小组互评(30 分) | 教师评价(50 分) | 总分(100 分) |
|---|---|---|---|---|
| | | | | |
| | | | | |
| | | | | |
| | | | | |
| | | | | |

# 工作任务2 司机室前挡玻璃的粘接

## 学习目标

1. 知识目标

(1)熟悉粘接前的准备工作。

(2)掌握表面处理的流程及注意事项。

(3)了解双组分胶的配比和混合流程。

(4)掌握钻孔及攻丝规范作业。

(5)掌握动车组司机室前挡玻璃的粘接工艺流程。

2. 能力目标

(1)能确保前挡玻璃研装中的配孔精度。

(2)能对待粘接基材表面进行有效处理。

(3)能正确使用混胶泵对双组分胶配比混胶。

(4)具备制作随车样件的能力。

(5)具备粘接司机室前挡玻璃的能力。

(6)具备"5S"现场管理的能力。

3. 素质目标

(1)爱岗敬业、认真钻研、改善创新。

(2)具有高尚的职业道德,遵守规章制度,做一位高素质的守法技术人才。

## 任务描述

动车组每辆头车都有一个挡风玻璃,具有曲面的三维形状,挡风玻璃具有抗飞弹冲击、防飞溅、抗砾石等力学性能,一般利用双组分胶黏剂将玻璃粘接到铝合金车头上,保证行驶中车头的安全性。

## 任务实施

1. 工作前准备

(1)确认作业环境温度:$T \geqslant 5$ ℃。

(2)确认车体及车窗已同温 8 h 以上,胶黏剂同温 24 h 以上。

(3)确认化学品(清洁剂、活化剂、底涂、胶黏剂、修复剂等)在有效期内,准备相应 MSDS(材料安全数据表)。

(4)记录场地温湿度,车体、车窗、胶黏剂同温时间,清洁剂、活化剂、底涂、胶黏剂的批次号和有效期。

(5)穿戴好橡胶手套、防护口罩、劳保鞋等劳保用品。

(6)用塑料布防护司控台骨架,使用软玻璃防护前窗玻璃。

(7)根据玻璃外观检查标准检查玻璃外观。

2. 前挡玻璃粘接工艺

(1)粘接垫块

选取 6 个点,使用 20 mm 厚调整垫将前窗组成垫起,车体窗框立面使用 CK 370 粘贴 10 mm 厚橡胶垫块,橡胶垫块间隔 200～300 mm 均匀布置,通过增减预置铝垫片调整前窗,满足前窗窗框外边缘与车体外表面高度差(－16,－6) mm 范围内,窗框与车体间隙尺寸在 8～20 mm 范围内,任意 300 mm 长间隙宽度差不超过 5mm。同时 6 个预置铝垫片与窗框的间隙不大于 1 mm。

(2)研装调整

在各固定点处添加铝垫片,并记录所需铝垫片的厚度,需保证每个固定孔处铝垫片厚度不小于 3 mm,同时确保直铝垫片和楔形调整垫组合调整后,调整垫与窗框闪缝不大于 1 mm,每处铝垫片使用数量不超过 4 个。

(3)前窗安装

通过窗框固定孔在车体安装面配钻 $\phi$7 mm 的孔,使用风动工业吸尘器清除钻孔过程中产生的铝屑,使用乐泰-7070 清洗剂清洁螺栓,干燥 10 min 后涂打乐泰胶-243 后紧固。

将前窗组成与车体用内六角螺钉 M6 加盖形螺母和垫圈固定。螺钉分为三种规格,螺钉 M6×45、螺钉 M6×50、螺钉 M6×55,根据各固定点情况选取合适规格的螺钉。螺钉 M6 紧固按照对角线方式紧固,对角线紧固顺序如图 B-2-1 所示。使用扭力扳手沿前窗周圈逆时针方向紧固,拧紧扭矩为 6 N·m,完成后划防松标记。

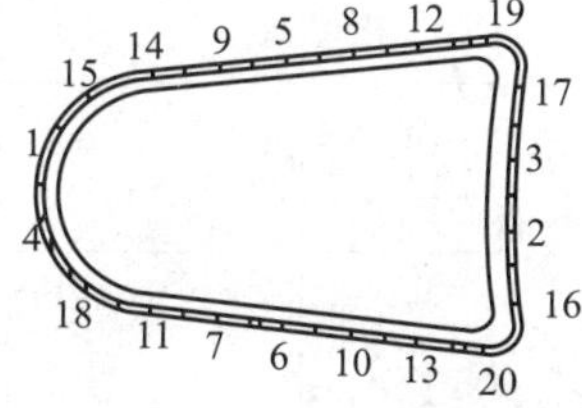

图 B-2-1 螺栓紧固顺序

(4)密封区域预处理

用异丙醇清洁前窗待密封区域,静置 15 min 干燥,用 80 目砂纸打磨至露出金属本色,再次用异丙醇清洁,清洁干燥 15 min 后刷底涂,涂油漆面时先涂 HP275,再涂 DA238F,玻璃及金属表面只涂 HP275,底涂要求薄薄的刷涂一层。底涂干燥时间均为 30 min 为宜。

(5)一次密封

使用胶带防护内外窗框,避免密封胶污染内外窗框,内窗框上的螺栓孔用美工刀挖出圆洞,并放入垫片。用混胶泵混合 3820 双组分密封胶,主剂与固化剂重量比为 100∶11。混胶时间至少 15 min,至无色纹。固化剂 S 型号适用于 20 ℃以上,M 型号适用于 15 ℃以上,F 适用于 10 ℃以下。

用吸胶枪吸胶,在前窗车内外密封间隙涂打密封胶,注胶时胶嘴尽量深的深入密封间隙,保证密封无空穴,涂胶后用刮刀压实。注意一次密封至待密封部位的一半高度。

施胶后把钢丝绳绕外框一圈,钢丝绳连接点放在车体中心线上靠车头处。

(6)二次密封

一次密封施胶后静置一定时间,进行二次密封施胶。用吸胶枪吸胶,对前窗周边间隙继续涂打密封胶,涂胶后用刮刀压实。用刮刀精修胶边缘,要求胶面平整,无胶接头、缺陷。随后去除防护及修胶。撕去防护胶带,检查密封胶边缘状态,如有毛刺,使用 HP138 修去毛刺。

3. 自互检

(1)检查车窗与车体侧墙平面度满足要求:车体与玻璃表面高度差(－16,－6) mm。

(2)检查客室车窗与车体之间间隙保证在 8～20 mm 范围内,任意 300 mm 长间隙宽度差不超过 5 mm。

(3)检查自互检标记是否完整。

(4)检查密封胶要求 1 m 外观察,密封胶表面无气泡,平整美观,无刮板收尾痕迹,无明显塌陷,无明显划痕,边缘齐整,胶面光泽度无明显差异。

4."5S"管理

将使用完毕的胶黏剂、沾染胶黏剂的纸胶带等辅料放入有害工业垃圾桶内,并确认底涂、清洗剂、活化剂等未使用完的物料密封良好。

## 任务评价

考核评价表

<table>
<tr><td>姓名</td><td></td><td>班级</td><td></td><td>学号</td><td></td><td>日期</td><td></td></tr>
<tr><td>任务名称</td><td colspan="3"></td><td>地点</td><td colspan="3"></td></tr>
<tr><td>评价项目</td><td colspan="3">评分依据</td><td>优秀</td><td>良好</td><td>合格</td><td>继续努力</td></tr>
<tr><td>任务实施背景<br>(10)</td><td colspan="3">清楚任务要求<br>清晰解决方案</td><td></td><td></td><td></td><td></td></tr>
<tr><td>任务实施准备<br>(20)</td><td colspan="3">环境温湿度检测<br>防护用品穿戴</td><td></td><td></td><td></td><td></td></tr>
<tr><td rowspan="3">任务实施过程<br>(40)</td><td colspan="3">操作步骤清楚无误<br>遵守规章制度</td><td></td><td></td><td></td><td></td></tr>
<tr><td colspan="3">团队精神<br>合作意识</td><td></td><td></td><td></td><td></td></tr>
<tr><td colspan="3">安全文明操作<br>危化品处理</td><td></td><td></td><td></td><td></td></tr>
<tr><td>任务实施效果<br>(30)</td><td colspan="3">任务完成结果</td><td></td><td></td><td></td><td></td></tr>
<tr><td>任务反思</td><td colspan="7"></td></tr>
<tr><td>综合评价</td><td colspan="7"></td></tr>
</table>

## 学生工作单

| 工作任务 | 动车组司机室前挡玻璃的粘接 | | |
|---|---|---|---|
| 目标 | 1. 掌握双组分胶黏剂混胶的操作流程<br>2. 掌握待粘接表面处理的操作流程<br>3. 掌握钻孔及攻丝的规范作业 | | |
| 班级 | | 姓名 | |
| 学习小组 | | 工作时间 | |

[理论认知]

1. 钻孔时应佩戴________禁止戴________。
2. 通过窗框固定孔在车体安装面配钻________的孔，使用风动工业清除钻孔过程中产生的铝屑，使用________清洁螺栓，干燥 10 min 后涂打________后紧固。
3. 使用扭力扳手沿前窗周圈逆时针方向紧固，拧紧扭矩为________。
4. 待粘接表面处理的操作流程是什么？

5. 双组分胶混合的步骤有哪些？

[任务实施]

1. 任务实施前的准备工作有哪些？

2. 任务实施过程中遇到了哪些问题？如何解决？

[任务评价]

| 学生姓名 | 小组自评(20 分) | 小组互评(30 分) | 教师评价(50 分) | 总分(100 分) |
|---|---|---|---|---|
| | | | | |
| | | | | |
| | | | | |
| | | | | |
| | | | | |

# 工作任务3　地板布的粘接

## 学习目标

1. 知识目标

(1)掌握地板布粘接前的打磨工艺。

(2)熟知常用的工具及工装设备。

(3)掌握地板布的粘接工艺要点。

2. 能力目标

(1)能合理利用粘接技术对地板布进行粘接操作。

(2)能对待粘接表面存在的非粘接基材进行合理的处理。

(3)具备遵守化工品的使用规范及危废处理的能力。

(4)具备“5S”现场管理的能力。

3. 素质目标

(1)爱岗敬业、认真钻研、改善创新。

(2)具有高尚的职业道德,遵守规章制度,做一位高素质的守法技术人才。

## 任务描述

动车组底架地板一般多采用铝合金或不锈钢材料,地板布一般采用PVC(聚氯乙烯)和橡胶两种材料。地板布与底架地板之间利用胶黏剂连接。地板布粘接质量好坏直接影响到车内整体的美观、强度,因此地板布粘接结构与工艺十分重要。

地板布粘接时一般分为纵向铺设和横向铺设两种方式,纵向铺设的接缝美观、大方但后期地板布需要进行修补、更换时较麻烦;横向铺设地板布需要维护时返工量小,仅需对局部的内装件进行拆卸,但缺点是接缝太多,不美观。

## 任务实施

1. 工作前准备

用纸胶带防护废排风道口,用纸胶带、塑料纸包裹车内客室风道口、门机构(包括门头及侧边电气件)、座椅滑道、车下高度阀,防止打磨后粉尘及铝屑污染部件。用纸胶带和塑料布保护窗下部位及端部电缆,避免打磨时粉尘沾到防寒材上。使用纸胶带防护地板上电缆和地板上的开口。

胶黏剂提前24 h放置施工台位。检查胶黏剂、地板布同温24 h以上,车体同温4 h以上。确认使用的胶黏剂正确且在保质期内。地板布表面没有损伤变形,提前5 h展布,要求展布面平整、防护良好,相对温度15～35 ℃,相对湿度20%～75%。

2. 地板布粘接工艺

(1)缝隙找补

填缝以地板接缝为中心如图 B-3-1 所示，宽度约 80 mm 的区域使用异丙醇清洁，干燥 15 min。再用 80 目砂纸打磨至表面有明显磨痕。使用异丙醇清洁打磨部位，干燥 15 min。调配 E-120HP 胶时，主剂固化剂重量比 1∶1，用刮刀搅拌至产生均匀气泡、颜色一致。用刮刀将胶刮涂到打磨区域、地板上凹坑、螺钉孔、铆钉孔，要求填缝胶填满空隙，高于地板面，如图 B-3-2 所示。E-120HP 胶刮胶时，环境温度不得低于 5 ℃。

图 B-3-1 地板接缝

图 B-3-2 填缝胶高于地板面

(2)打磨

用打磨机和 80 目砂纸打磨地板接缝，使用圆盘打磨机打磨整车地板，如图 B-3-3 所示。要求地板接缝处平整、无高低不平，地板表面有磨痕。

图 B-3-3 圆盘打磨地板

(3)清洁

用清洁剂清洁地板，干燥 15 min。要求铝地板表面无油污。不能使用高压风吹干。

(4)喷胶

使用 GRACO 高压无气喷胶泵喷胶，如图 B-3-4 所示，进气压力 0.4～0.7 MPa，喷涂距离 300～400 mm，喷胶量地板布表面 200～400 g/m$^2$，铝地板表面 150～300 g/m$^2$。边喷胶边用滚刷滚涂均匀，如图 B-3-5 所示。

图 B-3-4 高压无气喷胶泵喷胶

图 B-3-5 滚刷滚涂

(5)地板布铺装

先铺装中间幅面地板布，然后再铺装两侧地板布。

首先对线，对线结束后，将地板布反向舒展平整，再合拢粘接，一边合拢一边赶平地板布，用 50 kg 滚压器横向纵向滚压地板布，要求地板布无气泡、无高低不平、无翘边等缺陷，用布基胶带保护地板布边，宽度 50～100 mm，并铺设保护纸或布防护中间幅地板布。要求地板布缝隙不大于 2 mm。对缝结束后，将地板布反向舒展平整，同时将地板布反向合拢粘接，一边合拢一边使用布条板赶平地板布，如图 B-3-6 所示。遇到电线口部位，使用壁纸刀现车裁剪出电线口并穿出电线。挡水板翻边弧度部位，先反向踩压地板布，再正面踩压弧度部位地板布，要求此处地板布无悬空。挡水板正面部位地板布合拢后赶平并踩压严实。

图 B-3-6 粘接地板布

3. 自互检

站立进行地板布外观检查,地板布表面不得存在气泡、残胶、破损、变形等缺陷。密封胶条平直,边沿无明显毛刺,无虚焊,拼缝美观整齐。地板布尺寸符合图纸要求。

4."5S"管理

粘接结束后,进行现场清理整顿,将调配后未使用完的胶黏剂、沾染了化工品的无纺布等放入有害工业垃圾桶内。

考核评价表

<table>
<tr><td>姓名</td><td></td><td>班级</td><td></td><td>学号</td><td></td><td>日期</td><td></td></tr>
<tr><td>任务名称</td><td colspan="3"></td><td>地点</td><td colspan="3"></td></tr>
<tr><td>评价项目</td><td colspan="3">评分依据</td><td>优秀</td><td>良好</td><td>合格</td><td>继续努力</td></tr>
<tr><td>任务实施背景<br>(10)</td><td colspan="3">清楚任务要求<br>清晰解决方案</td><td></td><td></td><td></td><td></td></tr>
<tr><td>任务实施准备<br>(20)</td><td colspan="3">环境温湿度检测<br>防护用品穿戴</td><td></td><td></td><td></td><td></td></tr>
<tr><td rowspan="3">任务实施过程<br>(40)</td><td colspan="3">操作步骤清楚无误<br>遵守规章制度</td><td></td><td></td><td></td><td></td></tr>
<tr><td colspan="3">团队精神<br>合作意识</td><td></td><td></td><td></td><td></td></tr>
<tr><td colspan="3">安全文明操作<br>危化品处理</td><td></td><td></td><td></td><td></td></tr>
<tr><td>任务实施效果<br>(30)</td><td colspan="3">任务完成结果</td><td></td><td></td><td></td><td></td></tr>
<tr><td>任务反思</td><td colspan="7"></td></tr>
<tr><td>综合评价</td><td colspan="7"></td></tr>
</table>

## 学生工作单

<table>
<tr><td>工作任务</td><td colspan="3">地板布的粘接</td></tr>
<tr><td>目标</td><td colspan="3">1. 掌握地板布的粘接工艺流程<br>2. 掌握地板布粘接过程中施胶量的控制方法<br>3. 掌握地板布铺装的工艺流程</td></tr>
<tr><td>班级</td><td></td><td>姓名</td><td></td></tr>
<tr><td>学习小组</td><td></td><td>工作时间</td><td></td></tr>
<tr><td colspan="4">[理论认知]<br>1. 地板布一般采用________和________两种材料。<br>2. 地板布粘接过程中,第一步________。<br>3. 地板布铺装时,要用________重的滚压器横纵向滚压地板布。<br>4. 地板布粘接温湿度要求有哪些?<br>5. 胶黏剂、地板布、车体同温的要求有哪些?<br>6. 地板布接缝处的找补工艺有哪些?<br>7. 地板布粘接施胶量如何控制?<br>8. 地板布铺装的主要工艺有哪些?</td></tr>
<tr><td colspan="4">[任务实施]<br>1. 任务实施前的准备工作有哪些?<br>2. 任务实施过程中遇到了哪些问题?如何解决?</td></tr>
</table>

[任务评价]

| 学生姓名 | 小组自评(20 分) | 小组互评(30 分) | 教师评价(50 分) | 总分(100 分) |
|---|---|---|---|---|
| | | | | |
| | | | | |
| | | | | |
| | | | | |
| | | | | |

# 工作任务4 防寒材的粘接

## 学习目标

1. 知识目标

(1)掌握防寒材的特点。

(2)掌握防寒材的粘接工艺流程。

2. 能力目标

(1)具备防寒材的粘接能力。

(2)具备遵守化工品的使用规范及危废处理的能力。

(3)具备“5S”现场管理的能力。

3. 素质目标

(1)爱岗敬业、认真钻研、改善创新。

(2)具有高尚的职业道德,遵守规章制度,做一位高素质的守法技术人才。

## 任务描述

防寒材是动车组内部装饰材料中使用量最大的布置在车体钢结构和车内设施之间的一种保温材料。动车组上使用防寒材不仅能节约能源,减少机械设备排放的污染气体量,还能保持室温的平稳,减小客室内部的噪声量。根据防寒材在动车组车上布置位置的不同,将防寒材分为:车顶防寒材、侧墙防寒材及端墙防寒材等。动车组每个部位都有不同的性能要求,在选用防寒材时,要根据相应的位置挑选合适的防寒材,才能满足该部位的性能要求。

动车组防寒材的材料类型主要有三聚氰胺发泡材料、碳纤维材料、铝箔包裹的超细玻璃棉材料、纳米隔热材料等。这些防寒材有隔热隔声性能好、阻燃防火性能好、密度小、质量轻、有利于车体轻量化的特点,在加工或安装过程中不产生或很少产生粉尘,燃烧后不释放有毒气体和有毒残留物,安装后在温度变化或时间变化的过程中不收缩。对于此类材料与车体的连接,常采用粘接技术来实现。

## 任务实施

本次任务是以动车组一节车厢内各部位的防寒材粘接工艺为例。

1. 侧墙防寒材粘接

(1)防护:工作前穿戴好工作服和安全帽、口罩、防护鞋、手套等防护用品。车内地板铺设塑料膜防护,如图B-4-1所示,防止喷胶时胶污染地板表面。用纸胶带防护车内C形槽、焊接件安装面、指示灯孔螺纹,防止喷胶过程中胶液喷涂到C形槽及焊接件上。防寒材安装前撕除防护胶带。

(2)清洁:用抹布擦除车顶上的水分和粉尘。使用铝合金专用清洗剂和白布清洁将要粘接防寒材的位置，以白布擦拭无黑灰为标准。

（3）喷胶：使用 GRACO 高压无气喷胶泵喷胶，如图 B-4-2 所示。进气压力 0.4～0.7 MPa，喷涂距离 300～400 mm，喷胶量 200～400 g/m$^2$。对侧墙待粘接的部位喷胶。喷胶完成后晾胶（图 B-4-3）3～20 min，以指触粘手但不拉丝为准。

图 B-4-1　地板铺防护膜

图 B-4-2　高压喷胶

图 B-4-3　晾胶

（4）施工：从车顶一端向另一端依次安装，按紧压平。安装完纳米隔热材后安装对应部位的碳纤维隔热材。碳纤维与内部骨架、配管、电线插口、电线接头或其支架等相接处开一字口避让。安装需严密平整，所有焊件、眼孔间隙均填塞严密，不得有缝隙，外露隔热材均用铝箔包严，不允许露断面。隔热材间缝隙大于 3 mm 的使用无纺布粘接平整。所有眼孔间隙均填塞严密，不得有缝隙。司机室各种安装座、滑槽等部位现车截口后安装，保证防寒材的安装位置和尺寸，且与内部骨架、配管等相抗处现车比照实物开口，与电线插口、电线接头或其支架相抗处开口。

(5)"5S"管理：喷枪的清洁。使用专用稀释剂清洗胶黏剂喷涂设备，切断风源，收拾施工工具，在指定位置摆放整齐，清除车内防护的胶带和多余防寒材。

2. 车顶防寒材粘接

(1)防护：使用塑料膜防护车内地板，防止喷胶时胶污染地板表面。用纸胶带防护车内 C 形槽、焊接件安装面、指示灯孔螺纹，防止喷胶过程中胶液喷涂到 C 形槽及焊接件上防寒材安装前撕除防护胶带。

(2)清洁：用白布蘸取清洁剂清洁将要粘接防寒钉的位置，以白布擦拭无黑灰为标准。

(3)喷胶：使用 GRACO 高压无气喷胶泵喷胶，进气压力 0.4～0.7 MPa，喷涂距离 300～400 mm，喷胶量 200～400 $g/m^2$。对车顶和抗振支撑材待粘接的部位喷胶。喷胶完成后晾胶 3～20 min，以指触粘手但不拉丝为准。

(4)防寒材的粘接：要求从车顶一端向另一端依次安装，并按紧压平。支撑材安装后，要求表面平整，位置正确，粘接牢固，无翘曲开裂，接缝平直均匀，无脱落、翘起、闪缝等缺陷，如图 B-4-4 所示。

图 B-4-4　车顶与侧墙防寒材粘接

(5)"5S"管理：使用专用稀释剂清洗胶黏剂喷涂设备，切断风源整理施工工具，在指定位置摆放整齐，清除车内防护的胶带和多余防寒材。

3. 侧顶防寒材的粘接

用白布蘸取清洁剂清洁将要粘接防寒钉的位置，以白布擦拭无黑灰为标准。采用喷涂胶黏剂粘接防寒钉。其中超细玻璃棉防寒材安装是通过防寒钉固定超细玻璃棉，穿上固定板，把防寒钉折弯，固定板压紧防寒材。

4. 二次防寒材粘接

二次防寒材主要为窗周边纳米防寒材、车体滑槽位置接缝处碳纤维、防寒材缺口位置的填充，如图 B-4-5 所示。

图 B-4-5　二次防寒材粘接

**考核评价表**

| 姓名 | | 班级 | | 学号 | | 日期 | |
|---|---|---|---|---|---|---|---|
| 任务名称 | | | | 地点 | | | |
| 评价项目 | 评分依据 | | | 优秀 | 良好 | 合格 | 继续努力 |
| 任务实施背景<br>（10） | 清楚任务要求<br>清晰解决方案 | | | | | | |
| 任务实施准备<br>（20） | 环境温湿度检测<br>防护用品穿戴 | | | | | | |
| 任务实施过程<br>（40） | 操作步骤清楚无误<br>遵守规章制度 | | | | | | |
| | 团队精神<br>合作意识 | | | | | | |
| | 安全文明操作<br>危化品处理 | | | | | | |
| 任务实施效果<br>（30） | 任务完成结果 | | | | | | |
| 任务反思 | | | | | | | |
| 综合评价 | | | | | | | |

## 学生工作单

<table>
<tr><td>工作任务</td><td colspan="3">防寒材的粘接</td></tr>
<tr><td>目标</td><td colspan="3">1. 掌握防寒材的特性<br>2. 掌握防寒材粘接前表面的处理方法<br>3. 掌握防寒材的粘接工艺</td></tr>
<tr><td>班级</td><td></td><td>姓名</td><td></td></tr>
<tr><td>学习小组</td><td></td><td>工作时间</td><td></td></tr>
<tr><td colspan="4">[知识认知]<br>1. 防寒材的清洁标准是________。<br>2. 根据防寒材在动车组车上布置位置的不同，防寒材分为________防寒材、________防寒材及________防寒材等。<br>3. 动车组防寒材的材料类型主要有________发泡材料、________材料、铝箔包裹的________材料、________材料等。<br>4. 防寒材有________性能好、________性能好、密度________、质量________等特点。<br>5. 简述侧墙顶防寒材的粘接工艺。<br><br>6. 简述车顶防寒材的粘接工艺。</td></tr>
<tr><td colspan="4">[任务实施]<br>1. 任务实施前的准备工作有哪些?<br><br>2. 任务实施过程中遇到了哪些问题？如何解决?</td></tr>
</table>

[任务评价]

| 学生姓名 | 小组自评(20 分) | 小组互评(30 分) | 教师评价(50 分) | 总分(100 分) |
|---|---|---|---|---|
| | | | | |
| | | | | |
| | | | | |
| | | | | |
| | | | | |

# 工作任务 5　橡胶座的粘接

## 学习目标

1. 知识目标

(1)掌握橡胶座的特点。

(2)掌握影响粘接质量的粘接表面状态。

(3)掌握橡胶座的粘接工艺流程。

2. 能力目标

(1)能对粘接前橡胶座进行熟练定位。

(2)能对待粘接面进行适当的清洁和处理。

(3)具备粘接橡胶座的能力。

(4)具备"5S"现场管理的能力。

3. 素质目标

(1)爱岗敬业、认真钻研、改善创新。

(2)具有高尚的职业道德,遵守规章制度,做一位高素质的守法技术人才。

## 任务描述

为了提高司乘人员的舒适度,降低车辆运行、设备工作引起的车内振动和噪声,设置了浮动地板结构。橡胶座安装在车体地板和内装的铝蜂窝地板中间,支撑铝蜂窝地板结构的同时隔绝车体金属结构与铝蜂窝地板金属结构的直接连接,能够耗散由车体结构传递过来的振动能量。

通过合理设计橡胶座的结构和布置方案,浮动地板能够被有效地支撑住。在列车 AW3 工况下(此时橡胶安装座承受的静态压强约 0.3～0.5 MPa),整个铝蜂窝地板的结构下沉量不大于 1 mm。橡胶安装在车体 C 形槽内形成一种减振器结构。橡胶座的剪切强度证明橡胶座在粘接或螺栓紧固到车体结构上时能满足使用要求,每种橡胶座的剪切强度不小于 1 MPa。所有橡胶安装座的橡胶部分采用三元乙丙橡胶,图纸中未明确牌号的硫化在橡胶部分上的金属板为符合 GB/T 3190 和 GB/T 16475 标准的 5052 H32 的铝板或符合 JISG 4305 标准的 304 不锈钢板,所有橡胶安装座均采用模压的成型工艺。橡胶座的主要性能参数可参考表 B-5-1 所示。

表 B-5-1　橡胶安装座主要性能参数

| 序号 | 项目 | | 指标 | 试验方法 |
|---|---|---|---|---|
| 1 | 硬度(邵氏 A) | | A65(+5,0) | GB/T 531 |
| 2 | 断裂强度 | | ≥10.0 MPa | GB/T 528 |
| 3 | 100%拉伸应力 | | ≥2.5 MPa | GB/T 528 |
| 4 | 扯断伸长率 | | ≥300% | GB/T 528 |
| 5 | 恒定压缩永久变形(70 ℃,24 h) | | ≤50% | GB/T 7759 |
| 6 | 冲击弹性 | | ≥50% | GB/T 1681 |
| 7 | 金属与橡胶硫化强度 | | ≥3.0 MPa | GB/T 11211 |
| 8 | 脆性温度 | | ≤−45 ℃ | GB/T 1682 |
| 9 | 烟火毒性 | | 3 类车辆相关要求 | DIN 5510 |
| 10 | 加速老化试验<br>70 ℃,96 h | 硬度变化(邵氏 A) | ≤6 | GB/T 3512 |
| 11 | | 断裂强度变化 | ±10% | GB/T 3512 |
| 12 | | 扯断伸长率变化 | ±15% | GB/T 3512 |
| 13 | 可溶性铅含量 | | ≤5 mg/kg | TB/T 3139 |
| 14 | 可溶性镉含量 | | ≤5 mg/kg | TB/T 3139 |
| 15 | 挥发物含量 | | ≤6 g/kg | TB/T 3139 |

## 任务实施

1. 工作前准备

(1)确认工作场地温湿度:10 ℃≤$T$≤35 ℃,相对湿度≥40%。

(2)确认化学品(清洁剂、活化剂、底涂、胶黏剂、修复剂等)在有效期内;准备相应 MSDS(材料安全数据表)。

(3)记录场地温湿度,清洁剂、活化剂、底涂、胶黏剂的批次号和有效期。

(4)穿戴好橡胶手套、防护口罩、劳保鞋等劳保用品。

(5)检查来料是否合格。

2. 组装工艺

(1)橡胶安装座定位

根据设计图纸尺寸要求,以门中线为基准,利用定位工装在 T 形槽上画出橡胶安装座的安装位置,并用记号笔标记,如图 B-5-1 所示。

(2)橡胶安装座定高

将定高工装水平放置在车体底架边梁上表面,如图 B-5-2 所示,利用塞块工装配合测量橡胶座上表面距工装的尺寸,记录在车体底架上。

(3)橡胶安装座预组

根据上一工步测量尺寸选择合适的调整垫块组装到基座上,如图 B-5-3 所示。

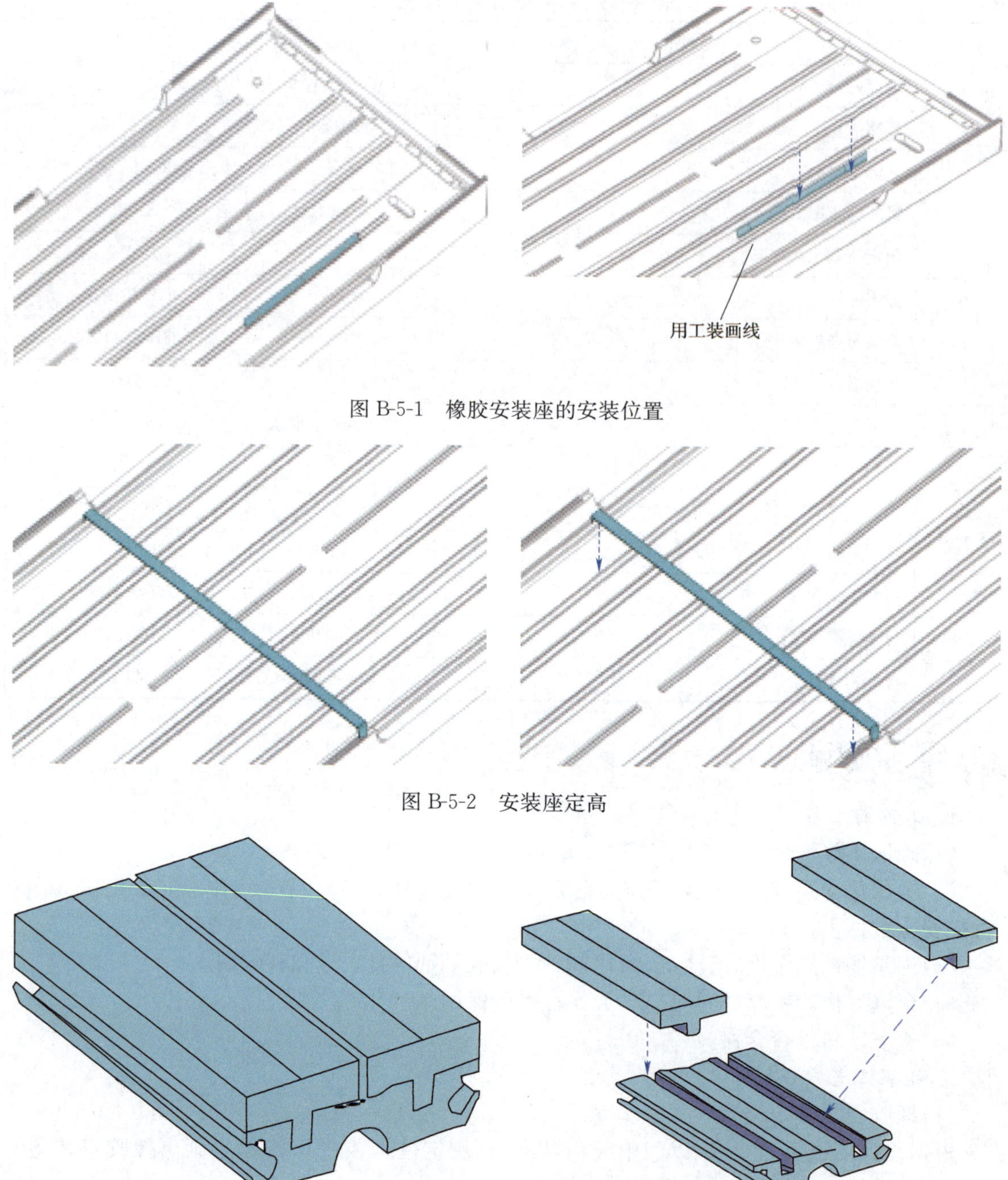


图 B-5-1　橡胶安装座的安装位置

图 B-5-2　安装座定高

图 B-5-3　安装座预组

(4)橡胶安装座安装

将组合橡胶安装座卡紧安装在车体 T 形槽内，如图 B-5-4 所示，位置发生移动时，根据画线标记将其调整到标记位置；安装时用力压紧橡胶安装座，保证橡胶安装座卡紧在车体 T 形槽内，避免橡胶安装座未卡紧存在间隙。

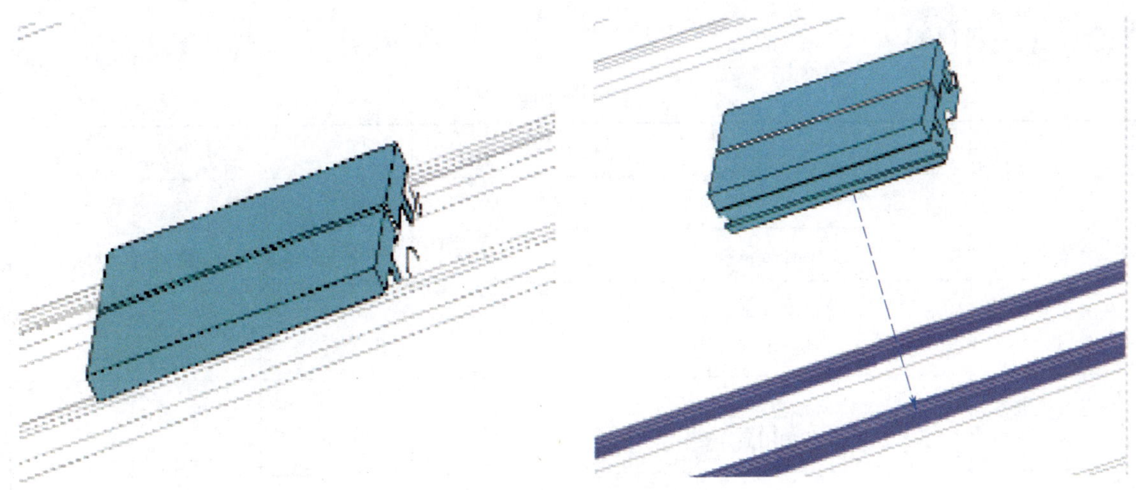

图 B-5-4　安装座安装

(5)橡胶安装座粘接

用异丙醇将待粘接的表面进行脱脂处理,干燥至少 10 min。使用 240 目砂纸打磨待粘接面,涂漆金属打磨至油漆面无油漆光泽,不涂漆金属打磨至露出金属原色,并有明显磨痕。打磨完成后使用异丙醇清洁,干燥至少 10 min,在要粘接的一个表面均匀地涂粘接胶。1 min 内将两个零件粘到一起。注意不要使粘接面分开,防止在粘接面之间进入空气。

为了调整粘接的位置,可以采用滑动的方式(图 B-5-5)。最后清除溢出的多余胶水。

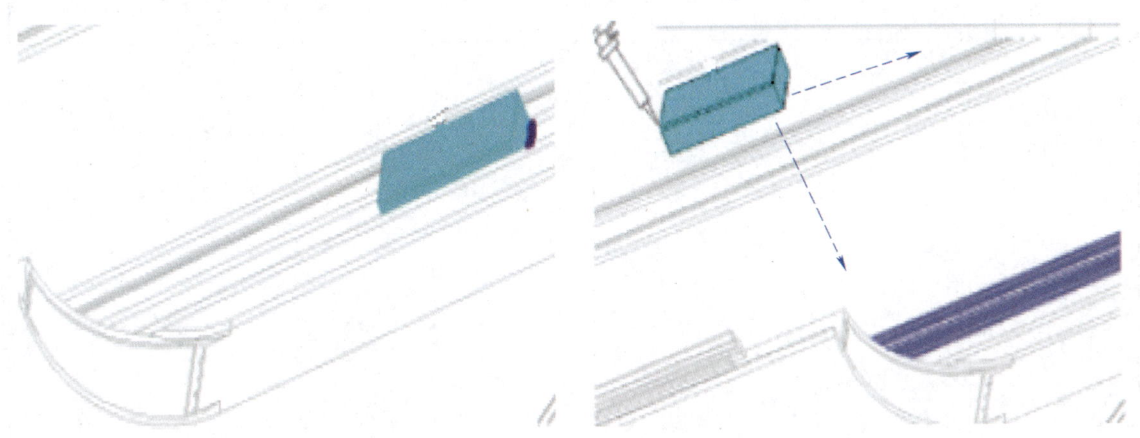

图 B-5-5　安装座粘接

3. 自互检

(1)所有零部件安装牢固无松动、起翘。安装座安装定位尺寸正确。

(2)检查自互检标记是否完整。

4."5S"管理

将使用完毕的胶黏剂、沾染胶黏剂的纸胶带等辅料放入有害工业垃圾桶内,并确认底涂、清洗剂、活化剂等未使用完的物料密封良好。

**考核评价表**

| 姓名 | | 班级 | | 学号 | | 日期 | |
|---|---|---|---|---|---|---|---|
| 任务名称 | | | | 地点 | | | |
| 评价项目 | 评分依据 | | | 优秀 | 良好 | 合格 | 继续努力 |
| 任务实施背景<br>（10） | 清楚任务要求<br>清晰解决方案 | | | | | | |
| 任务实施准备<br>（20） | 环境温湿度检测<br>防护用品穿戴 | | | | | | |
| 任务实施过程<br>（40） | 操作步骤清楚无误<br>遵守规章制度 | | | | | | |
| | 团队精神<br>合作意识 | | | | | | |
| | 安全文明操作<br>危化品处理 | | | | | | |
| 任务实施效果<br>（30） | 任务完成结果 | | | | | | |
| 任务反思 | | | | | | | |
| 综合评价 | | | | | | | |

学生工作单

<table>
<tr><td>工作任务</td><td colspan="3">橡胶座的粘接</td></tr>
<tr><td>目标</td><td colspan="3">1. 掌握橡胶座粘接前的准备工作<br>2. 掌握橡胶座粘接的工艺流程</td></tr>
<tr><td>班级</td><td></td><td>姓名</td><td></td></tr>
<tr><td>学习小组</td><td></td><td>工作时间</td><td></td></tr>
<tr><td colspan="4">[理论认知]<br>1. 确认工作场地温湿度：________。<br>2. 橡胶座如何定位？<br><br>3. 橡胶座如何粘接？</td></tr>
<tr><td colspan="4">[任务实施]<br>1. 任务实施前的准备工作有哪些？<br><br>2. 任务实施过程中遇到了哪些问题？如何解决？</td></tr>
<tr><td colspan="4">[任务评价]</td></tr>
</table>

| 学生姓名 | 小组自评(20分) | 小组互评(30分) | 教师评价(50分) | 总分(100分) |
|---|---|---|---|---|
| | | | | |
| | | | | |
| | | | | |
| | | | | |
| | | | | |

# 工作任务6　零部件的粘接

## 学习目标

1. 知识目标

(1)了解粘接前的准备工作。

(2)掌握铝蜂窝材料的特性。

(3)掌握间壁板贴面材料的特性。

(4)掌握加强筋材料的特点。

(5)掌握各材料的粘接工艺流程。

2. 能力目标

(1)具备待粘接面清洁和处理的能力。

(2)能对铝蜂窝进行粘接工艺处理。

(3)能对间壁板贴面进行粘接工艺处理。

(4)能对加强筋进行粘接工艺处理。

(5)具备"5S"现场管理的能力。

3. 素质目标

(1)爱岗敬业、认真钻研、改善创新。

(2)具有高尚的职业道德,遵守规章制度,做一位高素质的守法技术人才。

## 任务描述

结构粘接主要是对受力比较大、粘接强度要求较高,在正常使用条件下长期保持其性能的零部件的粘接。在制造业方面,如飞机复合蜂窝结构件的粘接,飞机机翼、机身蒙皮的粘接等;轨道交通制造业车辆内装中铝蜂窝的粘接、间壁板面的粘接和加强筋的粘接等;航天工业中卫星铝合金结构的制造及其在部件上的粘接等。本次任务主要是对动车组车辆内的铝蜂窝、间壁板贴面、加强筋等部件进行粘接。

## 任务实施

1. 铝蜂窝的粘接

地铁的地板为铝蜂窝材质,主要由上下铝扣板、骨架、铝蜂窝芯材、胶膜组成。采用胶合热压成型工艺。铝蜂窝芯材符合 HB 5443-90 中Ⅰ类标准的要求。芯材中的预埋件采用预埋工艺。蜂窝型材的边缘采用型材封闭。所使用的铝合金材料的名称和化学成分应符合 GB/T 3190 及 GB/T 16475 或等同以上标准,设计和生产符合相关标准。铝蜂窝基本材料清单见表 B-6-1。

表 B-6-1　铝蜂窝材料

| 分　类 | 材　料 |
| --- | --- |
| 铝蜂窝表面覆盖材料 | 5052 H32，上盖板厚度为 2 mm，下盖板厚度为 1 mm |
| 蜂窝芯材 | 15 mm(高度)，边长 2.7 mm，壁厚 0.07 mm |
| 封边型材及预埋件 | 6063 T5 |

铝蜂窝制作过程中，要求严格，为全面达到质量要求，可从以下方面重点关注：

(1)蜂窝切割(图 B-6-1)

美工刀切削角为 30°。第一刀切削深度为蜂窝芯材的 1/3，第二刀靠紧定位尺走刀速度要快，第三刀一刀到底把蜂窝分开。

(2)无间隙研配(图 B-6-2)

无间隙研配需要达到的标准为：蜂窝对接无间隙、蜂窝与边框无间隙，达到内部平整、饱满、充实，内部受力均匀。

图 B-6-1　蜂窝切割

图 B-6-2　无间隙研配

(3)复板修正定型

上下复板根据骨架进行定位划线，如图 B-6-3 所示。把复板进行手工修整，如图 B-6-4 所示，达到复合标准。

图 B-6-3　定位划线

图 B-6-4　复板修正

(4)胶膜粘贴

根据胶膜温度采用复板粘贴胶膜(图 B-6-5)和蜂窝芯材覆膜(图 B-6-6)两种方式,当温度较高,胶膜胶黏时采用复板粘胶膜,粘胶膜前铝板用清洗剂擦拭干净达到无尘无油,需戴手套操作。当温度较低,胶膜较硬时采用蜂窝芯材覆膜,就是把胶膜覆在芯材上面,多采用第一种方式。

图 B-6-5　复板贴胶膜

图 B-6-6　蜂窝芯材覆膜

(5)定点复合

把骨架擦拭干净(图 B-6-7),内口粘上发泡胶,把芯材放入骨架内部,把预埋件镶入芯材内,铝板和骨架研配号,画上定位点,把覆好胶膜的铝板按定点镶入骨架内,如图 B-6-8 所示。

图 B-6-7　擦拭骨架

图 B-6-8　铝板镶入骨架

(6)定型定位保护

由于内部为蜂窝材质,有外张力,需要用夹具定位夹紧,调整到与图纸尺寸相符,再用拉铆钉把外板和内框定位,拉铆定型如图 B-6-9 所示。隔离纸保护如图 B-6-10 所示,热压定形。

2. 间壁板贴面的粘接

由酚醛树脂浸渍的纸为芯(底)层和由氨基树脂(主要是三聚氰胺树脂)浸渍的纸为表面层经加热,在不低于 5 MPa 压力下胶合在一起的板材,其外层的一面有装饰性颜色或图案。简称为高压装饰板,代号为 HPL。

图 B-6-9　拉铆定型

图 B-6-10　隔离纸保护

车辆上的胶合板主要用于回风腔的封板、间壁板、平顶板、墙板、地板等部位。除地板用胶合板必须使用Ⅰ类胶合板外，其余部位用胶合板可使用Ⅰ类或Ⅱ类胶合板；车辆上用胶合板厚度主要有 3 mm、5 mm、10 mm、15 mm、20 mm、25 mm 等规格。3 mm 主要用于隔热材的封板；5 mm、10 mm 胶合板主要用于回风腔的封板；5 mm、10 mm、15 mm、20 mm、25 mm 胶合板主要用于制作贴面胶合板的基材。胶合板用于车辆上时，一般应作防腐处理(涂刷防腐油)。为防止胶合板受潮变形，在胶合板的断面上还进行封边处理(刮腻子刷油漆)。贴面板表面耐磨、花色多样，便于清洗，广泛应用于车内的装饰面。贴面板不能单独使用，须与胶合板、蜂窝板、铝板等基材粘接复合后使用。后成形高压装饰板(弯曲板)弯曲半径≥6 mm；为适应铁路高速发展，减小车辆的自重，木质件在车辆上的使用率大大降低。胶合板由于其质量大，受气候影响大，易变形、开裂，在以后的车辆设计中使用率将会越来越低。表 B-6-2 所示是胶合板主要性能参数。

**表 B-6-2　胶合板主要性能参数**

| 检验项目 | 性能 | 单位 | 指标 | | 试验方法 |
|---|---|---|---|---|---|
| | | | S | P | |
| 耐沸水性能 | 质量增加(最大) | % | 10 | 10 | GB/T 17657—2013 中 4.50 |
| | 厚度增加(最大) | % | 10 | 16 | |
| | 外观(≥) | 等级 | 2 | 3 | |
| 耐干热性能 | 外观光泽(≥) | 等级 | 2 | 3 | GB/T 17657—2013 中 4.46 |
| | 其他(≥) | 等级 | 2 | 2 | |
| 耐冲击性能 | 落球高度(最小) | cm | 100 | 100 | GB/T 17657—2013 中 4.51 |
| | 凹痕直径(最大) | mm | 10 | 0 | |
| 抗拉强度 | $T<2$ mm(≥) | MPa | 68.8 | 55 | GB/T 17657—2013 中 4.52 |
| 表面耐磨性能 | 磨损(最小) | 转数 | 350 | 350 | GB/T 17657—2013 中 4.42 |
| 耐开裂性能 | 灵敏度(≥) | 等级 | 2 | 2 | GB/T 17657—2013 中 4.52 |
| 耐香烟灼烧 | 外观(≥) | 等级 | 2 | 2 | GB/T 17657—2013 中 4.45 |

续上表

| 检验项目 | 性能 | 单位 | 指标 | | 试验方法 |
|---|---|---|---|---|---|
| | | | S | P | |
| 耐污染性能 | 外观(≥) | 等级 | 2 | 3 | GB/T 17657—2013 中 4.41 |
| 滞燃性能 | 氧指数(≥) | % | 30 | 30 | GB/T 2406.2—2009 |
| 烟密度 | $D_m$(≤) | — | 200 | 200 | GB/T 8323.2—2008 |
| 后成型性能 | 半径(最小) | mm | — | 10 t | GB/T 17657—2013 中 4.53 |

常用的装饰贴面板由浸渍三聚氰胺树脂的透明表层纸、印有花纹图案的装饰纸与浸渍了酚醛树脂的基层牛皮纸高压而成，分为普通型和后成型两种。后成型装饰贴面板的结构组成与普通平面装饰贴面板有其自身的特点：一是采用皱纹芯层牛皮纸作基层纸或采用无纺布层积基材；二是对浸渍树脂进行改性，使装饰板具有优良的弯曲性能。

后成型装饰贴面板的主要性能指标是装饰板的后成型性能。后成型性能常用装饰板的厚度与装饰板能弯曲的最小弯曲半径之比值来衡量。如我们在实际生产中常用的比值为1∶10，即厚度为1 mm的装饰板最小弯曲半径为10 mm，它代表了装饰板的柔韧性。就后成型装饰贴面板本身来说，决定其弯曲性能的主要因素有所用纸张性能、装饰板的厚度和装饰板的压制工艺。

后成型装饰板都采用改性树脂。有的用乙二烯邻苯二甲酸酯改性的三聚氰胺树脂浸渍装饰板；有的用二氰基联氨改性的酚醛树脂浸渍无纺布层积的基材。两种方法都能得到良好的后成型性，弯曲性能可达到1∶8。如果两种方法同时采用则弯曲性能更佳。压制装饰板时的热压温度、热压时间会影响装饰板的挥发物含量和弯曲性能，压制温度越高、时间越长，树脂固化越完全，则挥发物含量越低，弯曲性能越差。因此，对后成型装饰板来说热压时间应短，温度应低一些。

在没有采用后成型贴面板之前，因受胶合板、贴面板等装饰材料的规格限制，车辆的侧墙板、平顶板、间壁间的接缝处大多使用铝型材连接件，或在其表面增加压条来遮盖连接接缝，使整个车内的内装修布置因压条的纵横交错将客室的整体表面人为地分割开来，整体效果得不到充分展现。后成型装饰板的使用，可使整个墙板、间壁的材质统一，色彩一致，在很大程度上提高了客车内装的档次。各板间接缝处的连接方式主要有图 B-6-11 所示的几种方式，可根据全车的平面布置和结构强度要求，选择不同的连接方式。

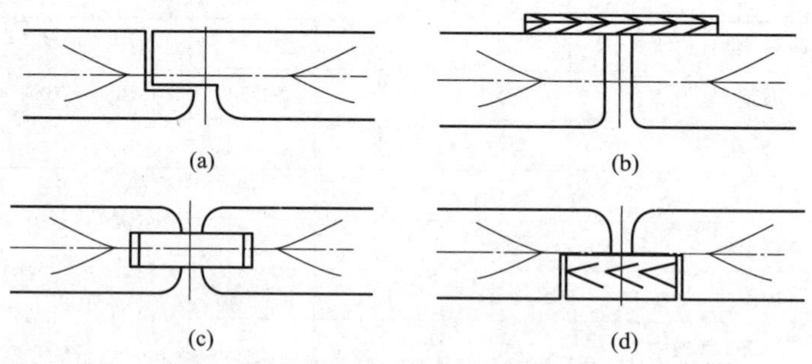


图 B-6-11　胶合板间连接形式

3. 加强筋的粘接

(1)拧掉卡桶帽并把胶装到胶枪上，如图 B-6-12 所示。

(2)打出一段胶直到两个组分都有胶挤出，如图 B-6-13 所示。

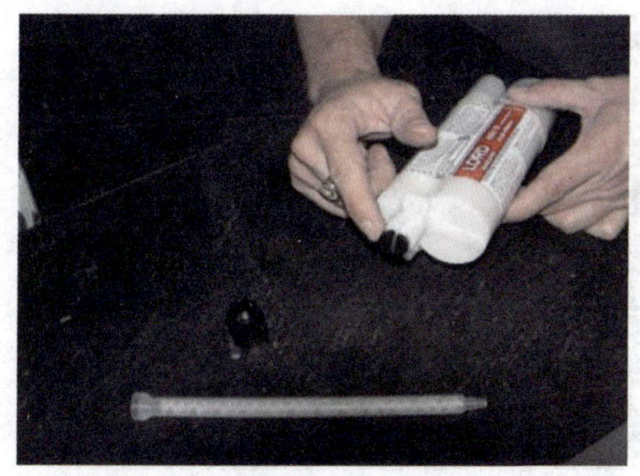

图 B-6-12　装胶

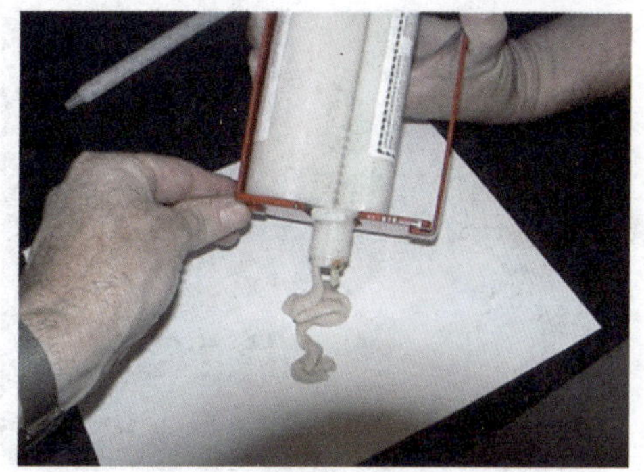

图 B-6-13　打胶

(3)安上混合胶嘴并打出大约 10 cm 的一段以确保胶混合均匀,如图 B-6-14 所示。

(4)打出胶条到待粘接产品上,如图 B-6-15 所示。

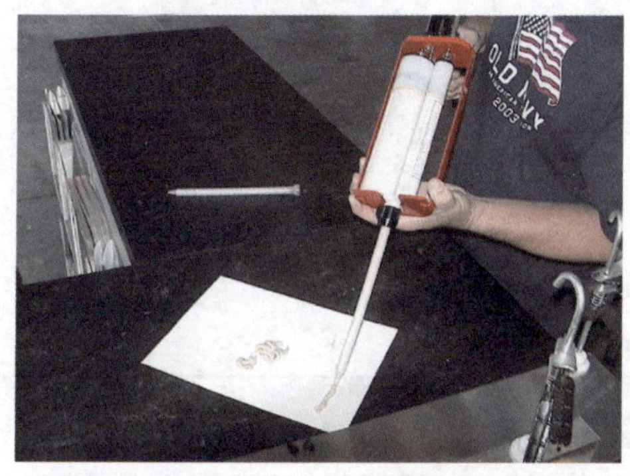

图 B-6-14　混胶

图 B-6-15　涂胶

(5)定位粘接部件(图 B-6-16)。可以滑动但不能够分开粘接面,以避免空气混入导致粘接强度下降。

(6)用夹具定位,不可让粘接面分离,如图 B-6-17 所示。

图 B-6-16　定位粘接部位

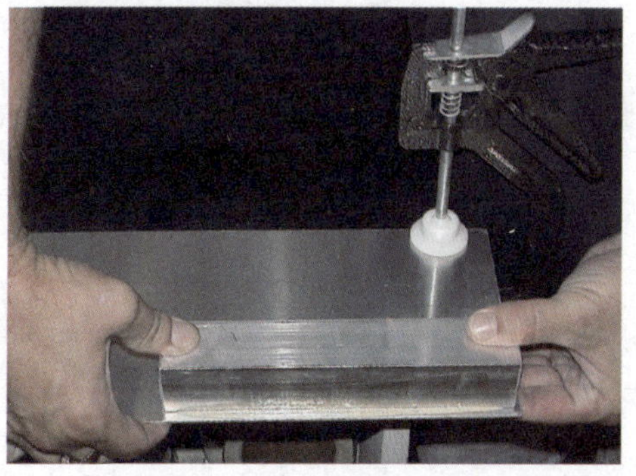

图 B-6-17　夹具定位粘接面

(7)等到胶达到操作强度后再去除夹具或者移动,如图 B-6-18 所示。

(8)等到胶刚开始固化后再清除溢出的胶,如图 B-6-19 所示。

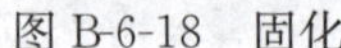

图 B-6-18　固化

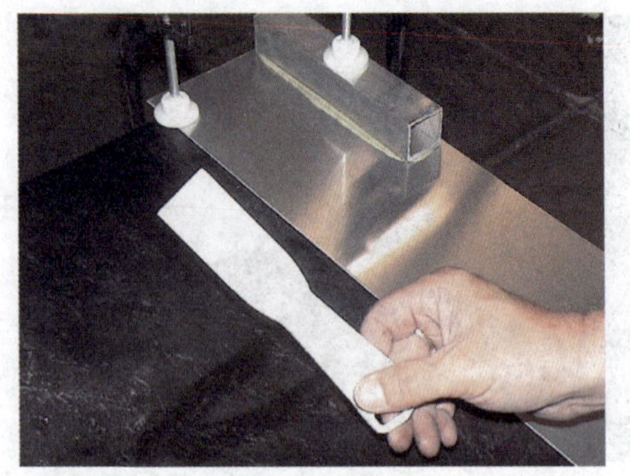

图 B-6-19　刮胶

4. 自互检

(1)所有零部件安装牢固无松动、起翘。

(2)检查自互检标记是否完整。

5."5S"管理

将使用完毕的胶黏剂、沾染胶黏剂的纸胶带等辅料放入有害工业垃圾桶内,并确认底涂、清洗剂、活化剂等未使用完的物料密封良好。

## 任务评价

考核评价表

| 姓名 | | 班级 | | 学号 | | 日期 | |
| --- | --- | --- | --- | --- | --- | --- | --- |
| 任务名称 | | | | 地点 | | | |
| 评价项目 | 评分依据 | | | 优秀 | 良好 | 合格 | 继续努力 |
| 任务实施背景<br>(10) | 清楚任务要求<br>清晰解决方案 | | | | | | |
| 任务实施准备<br>(20) | 环境温湿度检测<br>防护用品穿戴 | | | | | | |
| 任务实施过程<br>(40) | 操作步骤清楚无误<br>遵守规章制度 | | | | | | |
| | 团队精神<br>合作意识 | | | | | | |
| | 安全文明操作<br>危化品处理 | | | | | | |
| 任务实施效果<br>(30) | 任务完成结果 | | | | | | |
| 任务反思 | | | | | | | |
| 综合评价 | | | | | | | |

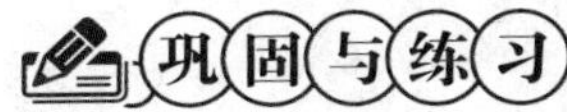


**学生工作单**

| 工作任务 | 铝蜂窝的粘接 | | |
|---|---|---|---|
| 目标 | 1. 掌握铝蜂窝的粘接工艺流程<br>2. 掌握铝蜂窝材料粘接前的准备工作 | | |
| 班级 | | 姓名 | |
| 学习小组 | | 工作时间 | |

[知识认知]

1. 地铁的地板为________材质，主要由上下铝扣板、骨架、________、________、胶膜组成。采用________成型工艺。
2. 车辆上的胶合板主要用于回风腔的封板、间壁板、________、________、墙板、地板等部位。
3. 铝蜂窝粘接分哪几个步骤？
4. 加强筋粘接分哪几个步骤？

[任务实施]

1. 任务实施前的准备工作有哪些？
2. 任务实施过程中遇到了哪些问题？如何解决？

[任务评价]

| 学生姓名 | 小组自评(20 分) | 小组互评(30 分) | 教师评价(50 分) | 总分(100 分) |
|---|---|---|---|---|
| | | | | |
| | | | | |
| | | | | |
| | | | | |
| | | | | |

# 工作任务7　门边型材的密封

## 学习目标

1. 知识目标

(1)掌握门边型材的作用。

(2)掌握门边型材的密封流程。

2. 能力目标

(1)能对门边型材进行正确的密封操作。

(2)具备遵守化工品的使用规范及危废处理的能力。

(3)具备完工后“5S”现场管理的能力。

3. 素质目标

(1)爱岗敬业、认真钻研、改善创新。

(2)具有高尚的职业道德,遵守规章制度,做一位高素质的守法技术人才。

## 任务描述

门系统在车辆系统组成中,起着重要作用。门系统主要包括门机构装置、门密封、门槛、门页、门解锁、门控器及其附件等。其中,门系统边密封型材起到连接车门与车体框的作用,一般分为上部密封与两侧密封,安装时尺寸需严格保证,同时与车体连接处的施胶密封对车体水密性至关重要。图B-7-1为门边密封型材的位置。

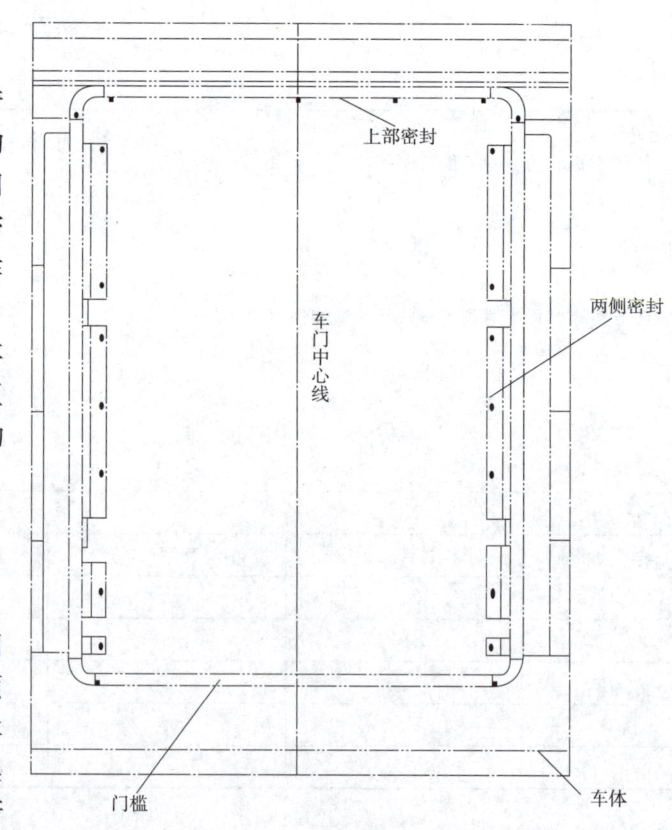


图B-7-1　门边型材的位置

## 任务实施

1. 门边型材的粘接

安装时,先组装上部密封,将用T形螺栓、螺母、垫圈和上部密封预组在一起。将上部密封预装在车体上,螺栓组装前用异丙醇清洁并干燥10 min,涂抹螺纹锁固剂。图B-7-2所示为门边型材上、下紧固点的位置。

图 B-7-2　门边型材紧固点

调整上部密封与车体两侧缝隙均匀，相差不超过 1.5 mm 使用调整垫片，调整左侧密封条上部与上密封条边缘平齐，图 B-7-3 所示为上部密封型材；下部与门槛密封面在同一个平面。后安装侧面密封型材，左侧安装 T 形螺栓、螺母、垫圈，预紧，调整间隙，右侧采用同样方法，图 B-7-4 所示左右两侧密封型材。

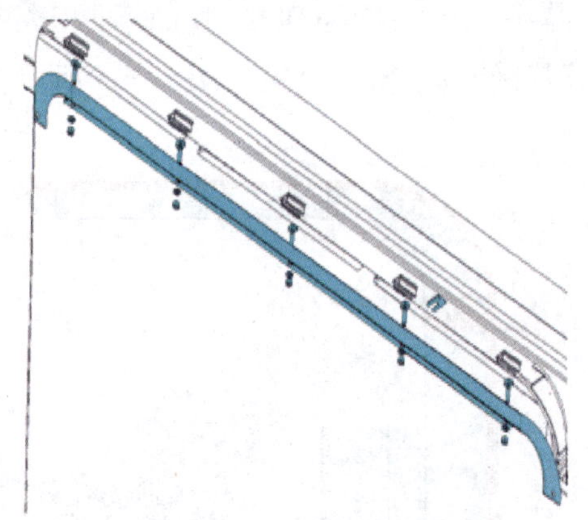

图 B-7-3　上部密封型材

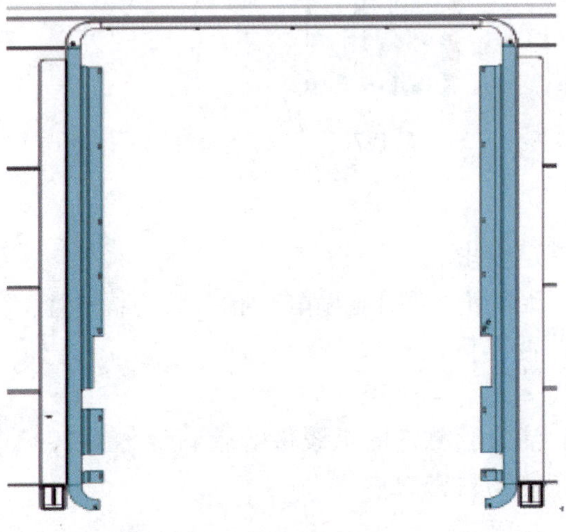

图 B-7-4　左右两侧密封型材

紧固安装螺栓螺母 M8，扭矩 17.3 N·m，划防松标记。侧密封压条下圆角与门槛搭接处配钻孔 $\phi$4.0～4.1 mm，安装 $\phi$4 mm 抽芯铆钉；上端与上密封压条圆角搭接处钻 $\phi$5.5～5.6 mm 孔，安装沉头螺钉 M5×20，CS 型防松垫圈 5 mm，螺母 M5，手动拧紧，划防松标记。

密封时，观察门密封与车体间隙，对间隙较宽位置，粘接海绵条。粘接之前，对待粘接位置利用异丙醇清洁并干燥至少 10 min，粘接海绵条，海绵条需粘接平整。

在密封型材与车体缝隙两侧位置粘接防护纸胶带，两侧胶带间距均匀，误差不超过 3 mm，纸胶带粘接平整，与外门槛下部密封胶搭接位置，粘接胶带确保接缝平齐，涂刷 Sika 265 黑色密封胶，抹平使其外表光滑美观。

密封胶面不得低于密封型材外表面，胶面光滑美观。沉头螺钉、铆钉处打胶刮平，使用 Sika Tooling Agent 表面活性剂修补，确保美观。涂刷密封胶之前，对密封位置利用 Sika Activator 清洁，干燥 10 min，密封胶刮平后，立即撕除纸胶带。

打胶过程中，胶嘴切割大小可保证胶嘴深入外门槛与车体间缝隙。打胶速度缓慢，打胶不得有空洞现象。打胶后目测检查：胶面光滑连续，无飞边、无气泡现象；与车体、型材表面贴合，无开裂、脱胶现象；密封胶干燥后胶面无凹陷现象；胶面不低于密封型材外表面，胶面呈三角形；门密封的沉头螺钉、沉头铆钉处打胶密封严实。图 B-7-5 所示密封型材打胶。

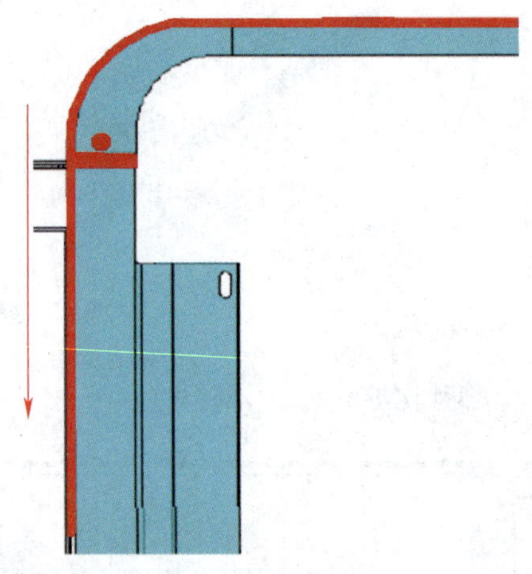

图 B-7-5　密封型材打胶

2. 自互检

(1)门密封安装尺寸满足要求。

(2)刮好的密封胶表面无气泡，无明显塌陷、划痕，胶边缘齐整，胶面光泽度无明显差异。

(3)检查自互检标记是否完整。

3. "5S"管理

将使用完毕的胶黏剂、沾染胶黏剂的纸胶带等辅料放入有害工业垃圾桶内，并确认底涂、清洗剂、活化剂等未使用完的物料密封良好。

**考核评价表**

<table>
<tr><td>姓名</td><td></td><td>班级</td><td></td><td>学号</td><td></td><td>日期</td><td></td></tr>
<tr><td>任务名称</td><td colspan="3"></td><td>地点</td><td colspan="3"></td></tr>
<tr><td>评价项目</td><td colspan="3">评分依据</td><td>优秀</td><td>良好</td><td>合格</td><td>继续努力</td></tr>
<tr><td>任务实施背景<br>（10）</td><td colspan="3">清楚任务要求<br>清晰解决方案</td><td></td><td></td><td></td><td></td></tr>
<tr><td>任务实施准备<br>（20）</td><td colspan="3">环境温湿度检测<br>防护用品穿戴</td><td></td><td></td><td></td><td></td></tr>
<tr><td rowspan="3">任务实施过程<br>（40）</td><td colspan="3">操作步骤清楚无误<br>遵守规章制度</td><td></td><td></td><td></td><td></td></tr>
<tr><td colspan="3">团队精神<br>合作意识</td><td></td><td></td><td></td><td></td></tr>
<tr><td colspan="3">安全文明操作<br>危化品处理</td><td></td><td></td><td></td><td></td></tr>
<tr><td>任务实施效果<br>（30）</td><td colspan="3">任务完成结果</td><td></td><td></td><td></td><td></td></tr>
<tr><td>任务反思</td><td colspan="7"></td></tr>
<tr><td>综合评价</td><td colspan="7"></td></tr>
</table>

学生工作单

<table>
<tr><td>工作任务</td><td colspan="3">门边型材的密封</td></tr>
<tr><td>目标</td><td colspan="3">1. 掌握门边型材的作用<br>2. 掌握门边型材的密封过程</td></tr>
<tr><td>班级</td><td></td><td>姓名</td><td></td></tr>
<tr><td>学习小组</td><td></td><td>工作时间</td><td></td></tr>
<tr><td colspan="4">[理论认知]<br>1. 门边密封型材起________作用，对车体至关重要。<br>2. 在密封型材与车体缝隙两侧位置粘接________，两侧胶带间距均匀，误差不超过________。<br>3. 密封胶面不得________于密封型材外表面，胶面光滑美观。<br>4. 门边密封型材如何安装？有哪些工艺要求？<br><br>5. 门边密封型材如何密封？流程如何？有哪些工艺要求？</td></tr>
<tr><td colspan="4">[任务实施]<br>1. 任务实施前的准备工作有哪些？<br><br>2. 任务实施过程中遇到了哪些问题？如何解决？</td></tr>
</table>

[任务评价]

| 学生姓名 | 小组自评(20分) | 小组互评(30分) | 教师评价(50分) | 总分(100分) |
|---|---|---|---|---|
| | | | | |
| | | | | |
| | | | | |
| | | | | |
| | | | | |

# 工作任务 8　司机室车体连接的密封

## 学习目标

1. 知识目标

(1)掌握司机室车体连接的作用。

(2)掌握司机室车体连接部位的特点。

(3)掌握司机室车体连接的密封工艺流程。

2. 能力目标

(1)具备司机室车体连接的密封能力。

(2)具备遵守化工品的使用规范及危废处理的能力。

(3)具备"5S"现场管理的能力。

3. 素质目标

(1)爱岗敬业、认真钻研、改善创新。

(2)具有高尚的职业道德,遵守规章制度,做一位高素质的守法技术人才。

## 任务描述

司机室车体连接主要是对司机室玻璃钢头罩和车体铝合金进行连接。由于玻璃钢具有质量轻、强度高、可塑性好的特点，列车大都采用玻璃钢材料来实现车头流线型的外观。车体一般采用钢材、铝合金等材料制成,对于车体和司机室玻璃钢头罩的连接装配用一般的机械装配连接无法实现,只能采用粘接,这样既达到连接效果，又有密封作用，还能弥补大部件组装制造误差。

当司机室面罩安装完毕后,与车体四周一圈需要涂密封胶来保障车体的密封性,如图 B-8-1 中所示的蓝色高亮区域,此处的密封胶十分关键,细节处理不到位极容易产生漏雨故障,因此需要严格依照工艺要求进行施工。

图 B-8-1　车体与司机室面罩的连接部位

## 任务实施

1. 司机室车体连接的密封工艺

(1)防护

从车顶、侧墙、底架部位,使用纸胶带防护车体与面罩待密封部位周边区域,纸胶带贴在打胶区域两侧,要求纸胶带粘贴平整,无起皱,无翻边毛刺,如图 B-8-2 所示。

(2)清洁、打磨

在车体与司机室面罩接缝区域先用细白布蘸取清洁

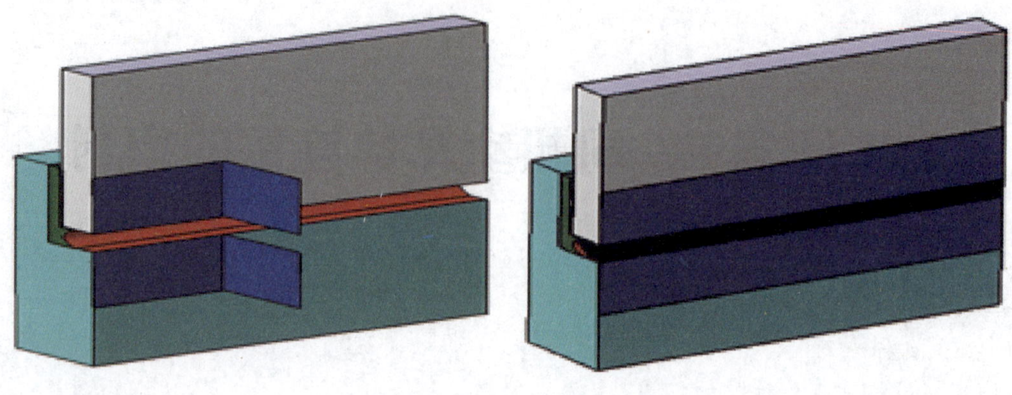

图 B-8-2　防护

剂进行清洁，再使用 80 目砂纸进行打磨，打磨至有明显磨痕，打磨后使用细白布蘸取清洁剂清洁待密封区域。该密封区域温度大于 15 ℃时干燥时间为 15 min，温度小于 15 ℃时干燥时间为 30 min。

（3）涂底涂剂

底涂剂使用之前需要 45°摇动瓶子大约 2～3 min，直到能清晰听到小球碰撞瓶子的哐当的声音，用纳米海绵或毛笔蘸取底涂剂刷涂待密封区域，刷涂薄薄一层，温度大于 15 ℃时至少干燥 15 min，温度小于 15 ℃时干燥至少干燥 30 min。

（4）密封打胶（图 B-8-3）

在待密封区域内安装海绵条，要求海绵条距面罩外表面 10～15 mm。使用 Sika 265 黑胶在车体与面罩缝隙处进行密封，注胶时胶嘴尽量伸入缝隙底部，用刮板将密封压实刮平，保证密封无空隙。针对拐角、接口等外观不良部位，使用 Sika tooling agent 进行精修，保证密封胶平整美观。密封完成后撕除纸胶带，并使用 Sika 208 清除面罩及车体表面残胶。注意 Sika 208 不可触碰到密封胶。

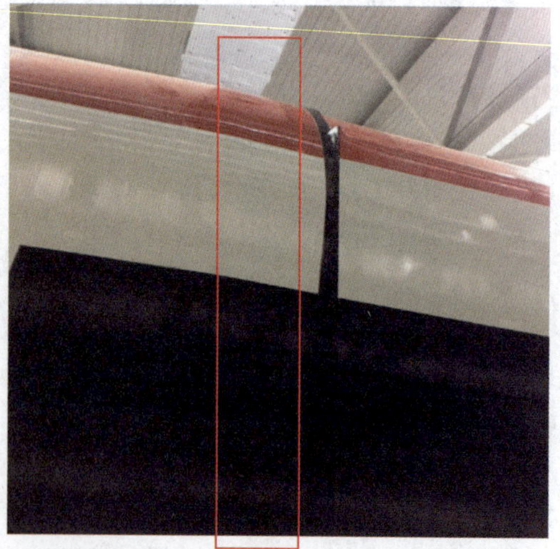

图 B-8-3　密封打胶

2. 自互检

打胶完毕后要求在 1 m 外观察，密封胶表面无气泡，平整美观，无刮板收尾痕迹，无明显塌陷，无明显划痕，边缘齐整，胶面光泽度无明显差异。

3. “5S”管理

粘接结束后，进行现场清理整顿，将调配后未使用完的胶黏剂、沾染了化工品的无纺布等放入有害工业垃圾桶内。

考核评价表

<table>
<tr><td>姓名</td><td></td><td>班级</td><td></td><td>学号</td><td></td><td>日期</td><td></td></tr>
<tr><td>任务名称</td><td colspan="3"></td><td>地点</td><td colspan="3"></td></tr>
<tr><td>评价项目</td><td colspan="3">评分依据</td><td>优秀</td><td>良好</td><td>合格</td><td>继续努力</td></tr>
<tr><td>任务实施背景<br>(10)</td><td colspan="3">清楚任务要求<br>清晰解决方案</td><td></td><td></td><td></td><td></td></tr>
<tr><td>任务实施准备<br>(20)</td><td colspan="3">环境温湿度检测<br>防护用品穿戴</td><td></td><td></td><td></td><td></td></tr>
<tr><td rowspan="3">任务实施过程<br>(40)</td><td colspan="3">操作步骤清楚无误<br>遵守规章制度</td><td></td><td></td><td></td><td></td></tr>
<tr><td colspan="3">团队精神<br>合作意识</td><td></td><td></td><td></td><td></td></tr>
<tr><td colspan="3">安全文明操作<br>危化品处理</td><td></td><td></td><td></td><td></td></tr>
<tr><td>任务实施效果<br>(30)</td><td colspan="3">任务完成结果</td><td></td><td></td><td></td><td></td></tr>
<tr><td>任务反思</td><td colspan="7"></td></tr>
<tr><td>综合评价</td><td colspan="7"></td></tr>
</table>

## 学生工作单

| 工作任务 | 司机室车体连接的密封 | | |
|---|---|---|---|
| 目标 | 1. 掌握司机室车体连接的作用<br>2. 掌握司机室车体连接部位的特性<br>3. 掌握司机室车体连接的密封工艺 | | |
| 班级 | | 姓名 | |
| 学习小组 | | 工作时间 | |

[理论认知]

1. 司机室车体连接主要是对司机室________和车体________进行连接。
2. 玻璃钢具有质量________、强度________、可塑性________的特点。
3. 车体一般采用________、________等材料制成，对于车体和司机室玻璃钢头罩的连接装配一般采用________。
4. 简述涂底涂剂的操作方法。

5. 简述密封胶施工结束后的检查要求。

6. 简述司机室车体连接的密封施工工艺。

7. 司机室车体连接时防护的要求是什么？

[任务实施]

1. 任务实施前的准备工作有哪些？

2. 任务实施过程中遇到了哪些问题？如何解决？

[任务评价]

| 学生姓名 | 小组自评(20分) | 小组互评(30分) | 教师评价(50分) | 总分(100分) |
|---|---|---|---|---|
| | | | | |
| | | | | |
| | | | | |
| | | | | |
| | | | | |

# 工作任务9　螺纹类零件的锁固与密封

## 学习目标

1. 知识目标

(1)掌握螺纹紧固剂的作用。

(2)掌握螺纹紧固剂的类型及其特性。

(3)掌握螺纹紧固剂的应用。

(4)了解螺纹紧固剂在使用过程中的注意事项。

2. 能力目标

(1)具备螺纹紧固剂的认知能力。

(2)具备正确使用螺纹紧固剂的能力。

(3)具备遵守化工品的使用规范及危废处理的能力。

(4)具备“5S”现场管理的能力。

3. 素质目标

(1)爱岗敬业、认真钻研、改善创新。

(2)具有高尚的职业道德,遵守规章制度,做一位高素质的守法技术人才。

## 任务描述

螺纹紧固剂(又称螺纹锁固剂、螺纹紧固胶),是用于防止螺栓因长期振动而松开、螺纹的永久性锁固与密封及防止螺纹生锈及腐蚀的紧固剂。

使用标准手工工具可拆卸锁固和密封的螺纹紧固件,螺纹紧固剂在两个紧密配合的金属表面间,与空气隔绝时固化,并且可防止由于受到冲击和振动而导致的松动和泄漏。利用螺纹紧固剂粘接表面之前,可用清洗剂对粘接表面进行清洁预处理。

## 任务实施

1. 螺纹紧固剂的类型

螺纹紧固剂按装配强度及用途分为四大类:高强度型、中等强度型、低强度型、渗透型。各类紧固剂的性能与使用范围见表B-9-1。

2. 螺纹紧固剂使用方法

螺纹紧固剂在使用前要充分摇匀,在啮合部位沿螺纹360°方向涂充,紧固剂必须填满整个螺纹间隙,随后按正常操作装配螺栓,当需用扭力转动螺纹时,一般要求在20 min内完成操作。

3. 常见螺纹紧固剂的应用

(1)通孔(螺栓、螺母)

通孔类螺栓和螺母的紧固:

表 B-9-1　螺纹锁固剂性能及适用范围

| 类型 | 性能 | 使用范围 |
| --- | --- | --- |
| 高等强度 | 高润滑性 | 适用装配大型紧固件 |
| | 耐高温性和耐油性 | 适用活性金属及惰性基材 |
| | 无滴型半固体，胶棒配置 | 适用抬头施工，M20 以下扣件 |
| | 耐 232 ℃ 以下温度 | 适用高温施工，M36 以下扣件 |
| | 高耐热性 | 高温应用 |
| 中等强度 | 具耐高温性和耐油性 | 适用活性金属及惰性基材 |
| | 无滴型半固体、胶棒配置 | 适用抬头施工，M6～M20 扣件 |
| | 高耐热性 | 高温应用 |
| 低等强度 | 通用型 | 可简单清除，适用 M6 以下小尺寸螺钉 |
| 渗透型 | 高强度型 | 适用预装配零件 M2～M12 |

①一般情况下使用白布蘸取异丙醇清洁螺栓、螺母螺纹内外表面，晾干至少 10 min，如有特殊情况，参照工艺文件的具体要求。

②将零件组装，螺栓穿过螺孔。

③将螺纹紧固剂涂到螺栓与螺母啮合处的螺纹上，且啮合处的螺纹 360°方向上均匀涂紧固剂，如图 B-9-1 所示。

④拧上螺母，拧紧至规定力矩。

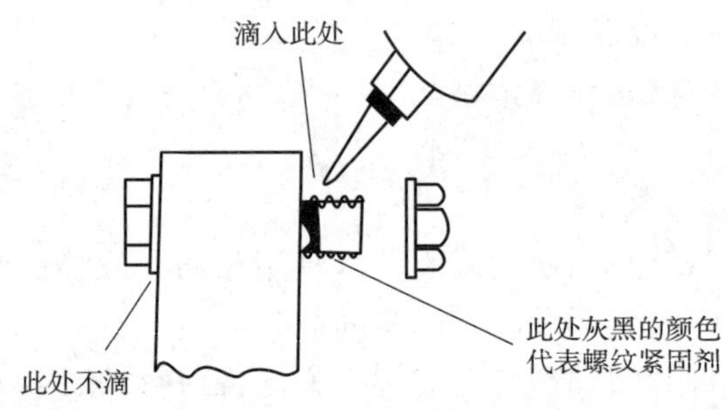


图 B-9-1　通孔涂螺纹紧固剂

(2)盲孔(螺钉)

盲孔螺钉的紧固：

①一般情况下使用白布蘸取异丙醇清洁螺栓及螺纹孔的螺纹，晾干至少 10 min，如有特殊情况，参照工艺文件的具体要求。

②将螺纹紧固剂涂到螺钉的螺纹上，沿 360°方向上均匀涂紧固，如图 B-9-2 所示。

③拧入、拧紧至规定力矩。

(3)盲孔(双头螺钉)

盲孔(双头螺钉)的紧固：

①一般情况下使用白布蘸取异丙醇清洁螺栓及螺纹孔的螺纹，晾干至少 10 min，如有特殊情况，参照工艺文件的具体要求。

②将螺纹紧固剂涂到螺柱的螺纹上，沿 360°方向上均匀涂紧固剂，如图 B-9-3 所示。

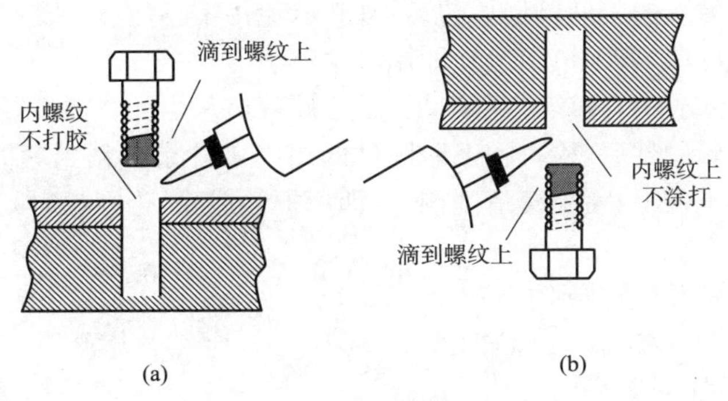


图 B-9-2　盲孔涂螺纹紧固剂

③将螺柱拧入，拧紧至规定力矩，装上其他部件。

④将螺纹紧固剂滴几滴到螺柱的螺纹处，沿 360°方向上均匀涂紧固剂。

⑤拧上螺母，拧紧至规定力矩。

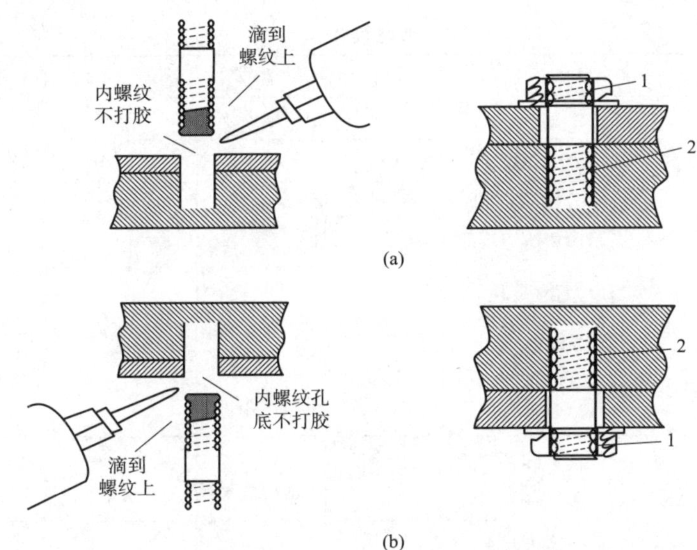


图 B-9-3　盲孔(双头螺钉)涂螺纹紧固剂

1—螺纹紧固剂乐泰-243；2—螺纹紧固剂乐泰-262

(4)可调螺钉

可调螺钉的紧固：

①一般情况下使用白布蘸取异丙醇清洁可调螺钉螺纹及螺纹孔表面，晾干至少 10 min，如有特殊情况，参照工艺文件的具体要求。

②将可调螺钉调整到合适位置。

③将螺纹紧固剂滴入螺钉螺孔啮合处，沿啮合处的 360°方向上均匀涂抹紧固剂。

(5)注意事项

螺纹紧固剂在使用过程中应遵守操作规则，避免造成不必要的浪费和经济损失。

①如果残留在螺纹外边的胶液没有固化，装配后可用棉纱擦除。

②不要将倒出包装瓶的胶液倒回原包装瓶内，以免污染胶液，造成胶液失效、报废。

③不要直接接触皮肤，若不慎接触立即用清水清洗。

④为防止胶水堵塞胶嘴，应该避免胶嘴接触金属碎屑灰尘类物质。

⑤做到紧固一个紧固件后，检查一下紧固件的周围工件是否粘到紧固剂。如不小心将螺纹紧固剂甩到墙板等工件上，喷配套清洗剂，立即用棉纱擦除，否则长时间后无法擦除。

4. 自互检

(1)螺纹紧固剂使用前清洁到位。

(2)螺纹紧固剂按照要求施工，无松动。

(3)检查自互检标记是否完整。

5."5S"管理

将使用完毕的胶黏剂、沾染胶黏剂的纸胶带等辅料放入有害工业垃圾桶内，并确认底涂、清洗剂、活化剂等未使用完的物料密封良好。

## 任务评价

考核评价表

<table>
<tr><td>姓名</td><td></td><td>班级</td><td></td><td>学号</td><td></td><td>日期</td><td></td></tr>
<tr><td>任务名称</td><td colspan="3"></td><td>地点</td><td colspan="3"></td></tr>
<tr><td>评价项目</td><td colspan="3">评分依据</td><td>优秀</td><td>良好</td><td>合格</td><td>继续努力</td></tr>
<tr><td>任务实施背景<br>(10)</td><td colspan="3">清楚任务要求<br>清晰解决方案</td><td></td><td></td><td></td><td></td></tr>
<tr><td>任务实施准备<br>(20)</td><td colspan="3">环境温湿度检测<br>防护用品穿戴</td><td></td><td></td><td></td><td></td></tr>
<tr><td rowspan="3">任务实施过程<br>(40)</td><td colspan="3">操作步骤清楚无误<br>遵守规章制度</td><td></td><td></td><td></td><td></td></tr>
<tr><td colspan="3">团队精神<br>合作意识</td><td></td><td></td><td></td><td></td></tr>
<tr><td colspan="3">安全文明操作<br>危化品处理</td><td></td><td></td><td></td><td></td></tr>
<tr><td>任务实施效果<br>(30)</td><td colspan="3">任务完成结果</td><td></td><td></td><td></td><td></td></tr>
<tr><td>任务反思</td><td colspan="7"></td></tr>
<tr><td>综合评价</td><td colspan="7"></td></tr>
</table>

学生工作单

| 工作任务 | 螺纹类零件的锁固与密封 | | |
|---|---|---|---|
| 目标 | 1. 掌握螺纹紧固剂的性能<br>2. 掌握螺纹紧固剂的应用<br>3. 掌握螺纹类零件的锁固与密封工艺 | | |
| 班级 | | 姓名 | |
| 学习小组 | | 工作时间 | |

[理论认知]

1. 螺纹紧固剂按照装配强度及用途分为________、________、________、________。M6 螺纹适合用________紧固剂。
2. 螺栓、螺母、螺纹内外表面采用________进行清洗。
3. 常见螺纹紧固剂应用于________、________、________、________场合。
4. 如何使用螺纹紧固剂？

5. 使用螺纹紧固剂的注意事项有哪些？

[任务实施]

1. 任务实施前的准备工作有哪些？

2. 任务实施过程中遇到了哪些问题？如何解决？

[任务评价]

| 学生姓名 | 小组自评（20分） | 小组互评（30分） | 教师评价（50分） | 总分（100分） |
|---|---|---|---|---|
| | | | | |
| | | | | |
| | | | | |
| | | | | |
| | | | | |

# 工作任务 10　其他部件与部位的粘接及密封

## 学习目标

1. 知识目标

(1)了解焊缝的密封工艺。

(2)了解广告框的粘接工艺。

(3)掌握车辆标识的粘接工艺。

(4)了解天线的密封工艺。

(5)了解电气柜壳体的密封工艺。

2. 能力目标

(1)具备车辆标识的粘接能力。

(2)具备遵守化工品的使用规范及危废处理的能力。

(3)具备"5S"现场管理的能力。

3. 素质目标

(1)爱岗敬业、认真钻研、改善创新。

(2)具有高尚的职业道德,遵守规章制度,做一位高素质的守法技术人才。

## 任务描述

在动车组车辆组装过程中,粘接和密封工艺除了应用于玻璃、地板布、铝蜂窝、橡胶座等主要部件外,在一些小部件和装饰部位也有较多的应用。例如,焊缝的密封,通常在车外C形槽段焊接区域,需要将中间部分用密封胶填实;车厢内饰广告框的粘接,车辆标识的粘接,通常此类背胶式的操作,将广告框和标识直接粘接在制定区域即可;内装部件尤其是电气柜壳体安装完后需要用密封胶填实,起美观作用。车外部件尤其是车顶部件,如天线等,安装完后也需要在与车体接触部位以及螺栓头部进行密封,从而保障车辆的水密性(水密性是指一个物体内部隔绝水的性能)。

## 任务实施

1. 焊缝的密封

在端梁补板四周段焊处打 Sika 521UV(灰)胶密封。门边密封型材安装在车体门框处,分为上部密封和侧面密封两部分。在枕梁上盖板及进气管四周段焊处打 Sika 521UV(灰)胶密封;在枕梁上盖板及进气管四周段焊处打 Sika 521UV(灰)胶密封枕梁上盖板及进气管四周段焊处打 Sika 521UV(灰)胶密封;在车钩安装板上盖板及引上线孔四周段焊处打 Sika 521UV

(灰)胶密封;牵引梁的四周及型腔内部段焊焊缝之间的间隙打 Sika 521UV(灰)胶密封,相关焊缝处的打胶密封,如图 B-10-1 所示。

使用白布蘸取 Sika 205 对要粘接的表面脱脂处理并干燥,环境温度大于 15 ℃干燥时间为 10 min 左右,小于 15 ℃时干燥时间约为 30 min。对于胶枪伸不到的位置,需操作人员戴指套涂抹打胶,涂抹要美观。

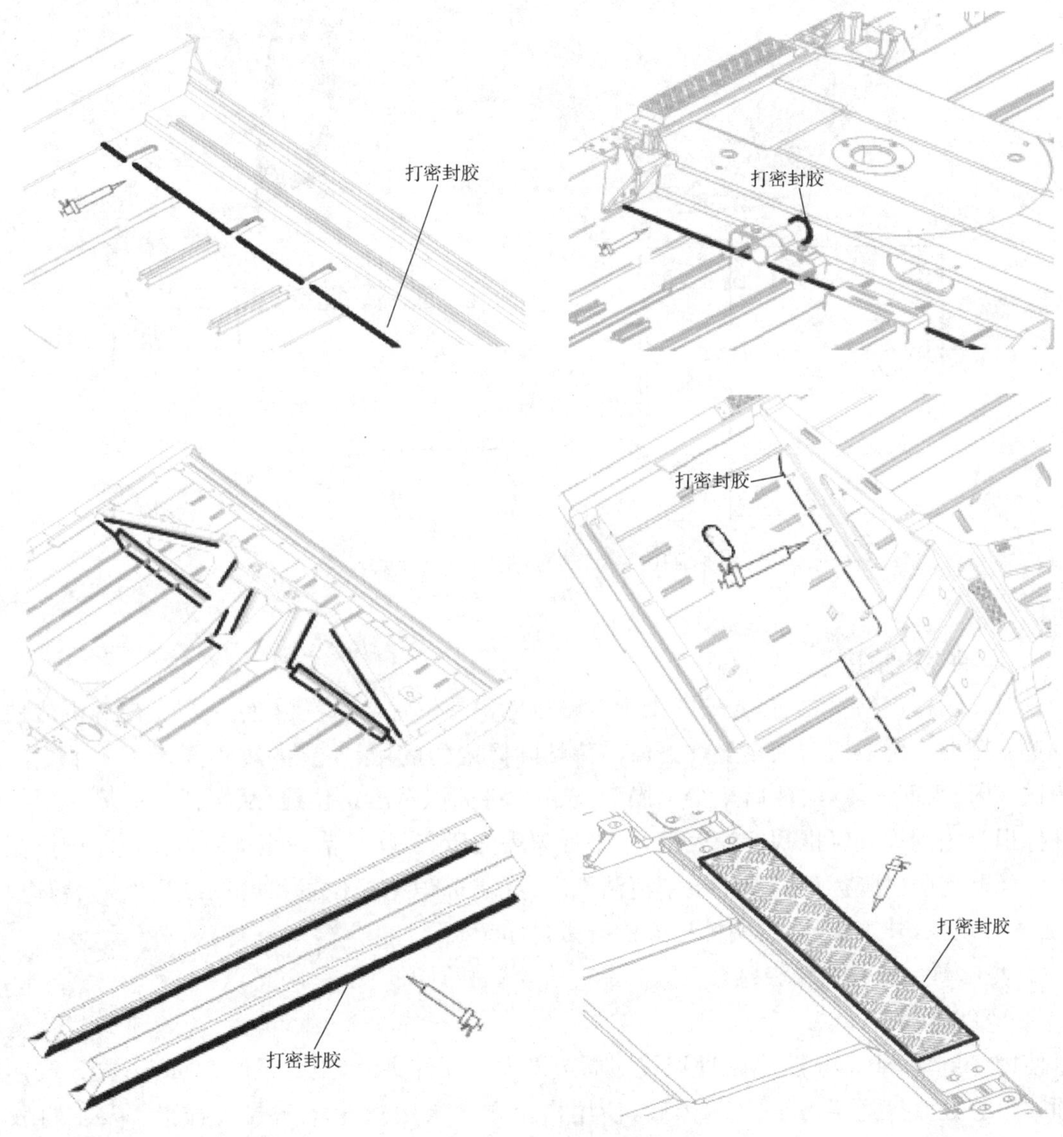


图 B-10-1　车外焊缝密封区域

2. 其他小部件的粘接

(1)广告框粘接

采用异丙醇清洁侧墙板及广告框需粘接区域,清洁之后干燥 10 min。将双面胶剪裁成 50 mm 长的小块。按照图纸位置布置 10 小块双面胶,尺寸误差不超过 5 mm,胶带外边沿沿着广告框外轮廓，粘接在广告框背面。利用工装定位安装广告框，定位工装放置在座椅面罩上，边缘与上墙板侧边缘齐平。粘接广告框，广告框粘接位置符合图纸要求（参考尺寸），需用手轻压数秒钟，无倾斜，粘接牢固，如图 B-10-2 所示。

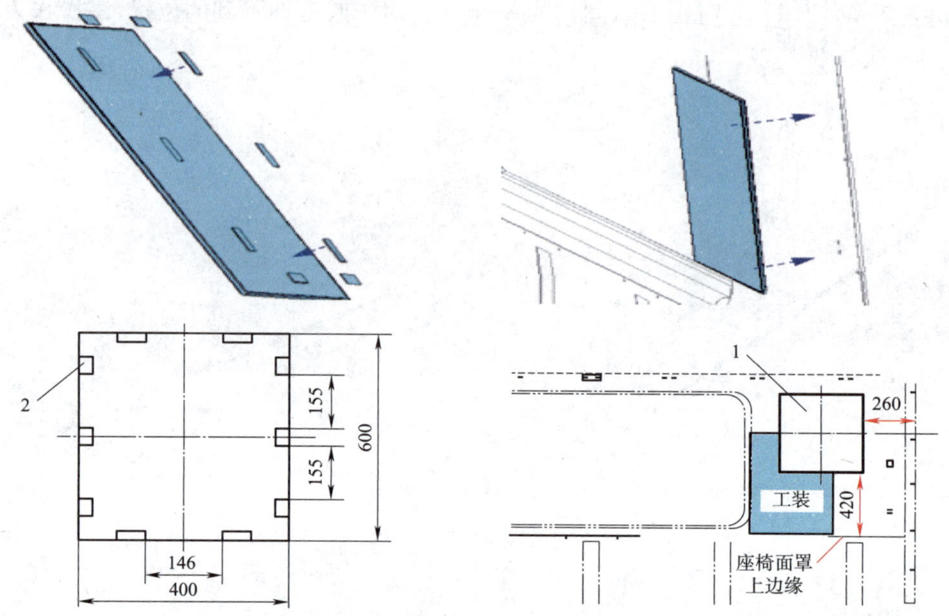


图 B-10-2　广告框粘接（单位：mm）

1—广告框；2—双面胶

（2）车辆标识粘接

在对车辆标识粘接之前，要按图纸确定粘接标识的位置，用直尺与铅笔标记出标识待粘贴的位置。用白布蘸取清洁剂自上往下清洁待粘贴标记的区域，擦拭的过程要始终一个方向进行擦拭，禁止来回擦拭，清洁后至少干燥 10 min。将标识对准定位线，从定位端向另一边方向粘贴标识。用刮板轻轻推刮标识表面，抹平标识表面所有气泡，粘贴完毕后将铅笔印记擦拭干净。注意贴透明底膜标识时保持手掌清洁干净，要求标识粘接位置符合图纸尺寸，无翘边、歪斜、脱落等现象，外观整洁（透明标识不能有黑色印记）。

3. 其他部位的粘接及密封

（1）天线密封

使用 Sika Activator 脱脂处理天线四周边缘及紧固件头部，至少干燥 10 min；在天线四周与面罩接缝处涂打适量 Sika 265 黑胶，使用指套顺着天线边缘将密封胶抹平。要求打胶连续、充实，外观光滑，无气泡。及时清除残胶。使用 Sika 265 黑胶密封天线紧固件，使用指套抹平，及时清除残胶。车顶天线密封如图 B-10-3 所示。

（2）电气柜壳体密封

电气柜壳体密封主要是对电气柜壳体与地板布接触区域的两侧粘接纸胶带保护。密封处理时，先用 Sika 205 对密封表面进行脱脂处理，干燥 10 min 打 Sika 221 灰色胶，刮平使其外观光滑美观，如有不美观的地方用 Sika tooling agent 修补，密封部位如图 B-10-4 所示。

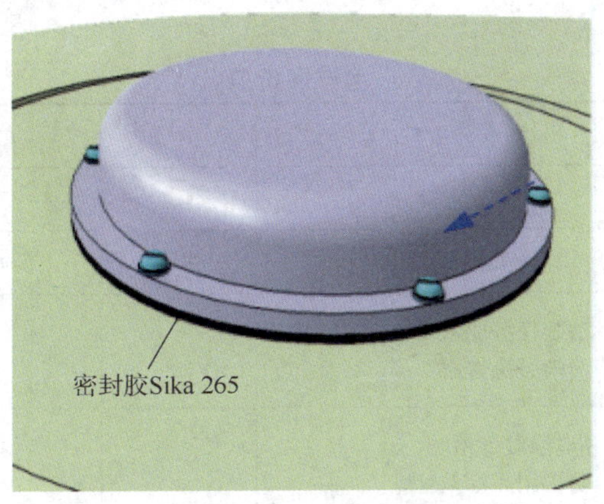


图 B-10-3　车顶天线密封

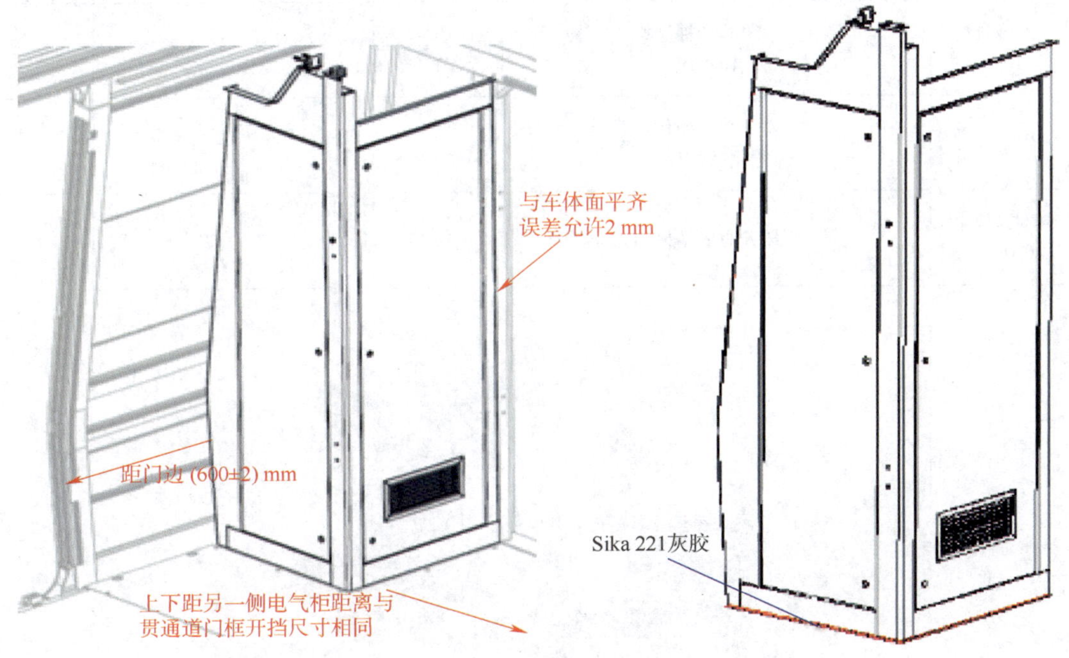


图 B-10-4　电气柜壳体密封

4. 自互检

(1)各部件粘接牢固可靠,外观美观连续,密封性好。

(2)检查自互检标记是否完整。

5."5S"管理

将使用完毕的胶黏剂、沾染胶黏剂的纸胶带等辅料放入有害工业垃圾桶内,并确认底涂、清洗剂、活化剂等未使用完的物料密封良好。

考核评价表

| 姓名 | | 班级 | | 学号 | | 日期 | |
|---|---|---|---|---|---|---|---|
| 任务名称 | | | | 地点 | | | |
| 评价项目 | 评分依据 | | | 优秀 | 良好 | 合格 | 继续努力 |
| 任务实施背景<br>(10) | 清楚任务要求<br>清晰解决方案 | | | | | | |
| 任务实施准备<br>(20) | 环境温湿度检测<br>防护用品穿戴 | | | | | | |
| 任务实施过程<br>(40) | 操作步骤清楚无误<br>遵守规章制度 | | | | | | |
| | 团队精神<br>合作意识 | | | | | | |
| | 安全文明操作<br>危化品处理 | | | | | | |
| 任务实施效果<br>(30) | 任务完成结果 | | | | | | |
| 任务反思 | | | | | | | |
| 综合评价 | | | | | | | |

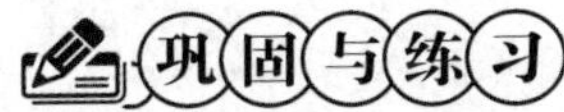


**学生工作单**

| 工作任务 | 车辆标识的粘接 | | |
|---|---|---|---|
| 目标 | 1. 掌握车辆标识粘接前的准备工作<br>2. 掌握车辆标识的粘接工艺流程 | | |
| 班级 | | 姓名 | |
| 学习小组 | | 工作时间 | |

[理论认知]

1. 门边密封型材安装在车体门框处，分为________和________两部分。
2. 一般采用________来清洁侧墙板及广告框需粘接区域。
3. 如何粘接车辆标识？

[任务实施]

1. 任务实施前的准备工作有哪些？

2. 任务实施过程中遇到了哪些问题？如何解决？

[任务评价]

| 学生姓名 | 小组自评(20 分) | 小组互评(30 分) | 教师评价(50 分) | 总分(100 分) |
|---|---|---|---|---|
| | | | | |
| | | | | |
| | | | | |
| | | | | |
| | | | | |

# 参考文献


[1] 罗义. 城轨车辆侧窗粘接工艺分析[J]. 企业科技与发展,2017(9):51-53.

[2] 汪丽君,涂锡光. 地铁车辆玻璃钢头罩与铝合金车体粘接工艺[J]. 电力机车与城轨车辆,2008,31(5):29-31.

[3] 郑晓倩,王世博. 轨道车辆地板布粘接工艺分析[J]. 制造与工艺,2019(10):98-99.

[4] 宋晶. 胶粘玻璃工艺及应注意的问题[J]. 客车技术与研究,2004(6):28-29.

[5] 魏培欣,宗艳,常虹,等. 胶黏剂在轨道交通车辆上的应用[J]. 应用技术研究,2016(1):79-81.

[6] 白红权. 胶黏剂在客车制造中的应用[J]. 客车技术与研究,2006,28(4):49-51.

[7] 王乐平. 客车车窗玻璃粘接工艺探讨[J]. 客车技术与研究,2007,29(6):39-40.

[8] 吴金洋,戴惠新,张湘菊,等. 浅谈城轨车辆地板布粘接工艺[J]. 涂层与防护,2019(9):25-28.

[9] 石磊,葛学贵,杨中洲,等. 我国胶黏剂技术现状、发展趋势和应用前景[J]. 中国胶黏剂,2005(8):49-52.

[10] 李昂. 粘接与胶黏剂[J]. 粘接与胶黏剂,2003,24(6):56-59.

[11] 刘世参,梁志杰. 涂镀在机械维修中的应用[J]. 机械工人,1983(12):7-15.

[12] 黄世强,肖汉文,程时远. 特种胶黏剂[M]. 北京:化学工业出版社,2002.

[13] 李基森,龚秀英. 电刷镀技术及其应用[M]. 上海:上海科学技术文献出版社,1986.

[14] 龚云表,石安富. 高分子密封材料[M]. 上海:上海科学技术出版社,1983.

[15] 龚云表. 实用粘接手册[M]. 上海:上海科技教育出版社,1995.

[16] 肖卫东,程时远. 密封胶黏剂[M]. 北京:化学工业出版社,2001.

[17] 翟海潮,李印柏,林新松. 实用胶黏剂配方手册[M]. 北京:化学工业出版社,1997.

[18] 程时远,李盛彪 黄世强. 胶黏剂[M]. 北京:化学工业出版社,2001.

[19] 夏文干. 赵桂芳. 胶黏剂和胶接技术[M]. 北京:国防工业出版社,1986.

[20] 贝有为. 合成胶黏剂及其性能测定[M]. 北京:燃料化学工业出版社,1974.

[21] 罗会昌. 机械工程材料工艺学(金属工艺学)[M]. 北京:高等教育出版社,1990.

[22] 熊拉森. 粘接技术问答[M]. 北京:机械工业出版社,2005.

[23] 孙德林,余先纯. 胶黏剂与粘接技术基础[M]. 北京:化学工业出版社,2014.

[24] 马长福. 简明粘接技术手册[M]. 上海:上海科学技术文献出版社,2012.

# 附录 A　胶黏专业术语

1. 黏合、黏附 adhesion

两个物质表面依靠化学力、物理力或二者兼有的力使之结合在一起。

2. 胶黏剂、黏合剂 adhesive

通过黏合作用，能使被粘物结合在一起的物质。

3. 内聚 cohesion

单一物质内部各粒子靠主价力、次价力结合在一起的状态。

4. 黏附破坏 adhesive failure；adhesion failure

在胶黏剂和被粘物界面上发生的目视可见的破坏现象。

5. 内聚破坏 cohesive failure；cohesion failure

在胶黏剂或被粘物内部发生的目视可见的破坏现象。

6. 相容性 compatibility

在两种或多种物质混合时具有相互亲和的能力。

7. 机械黏合 mechanical adhesion

在两个物质表面通过胶黏剂的啮合作用而产生的结合。

8. 被粘物 adherend

准备胶接的物体。

9. 基材 substrate

用于表面涂覆胶黏剂的材料。

10. 湿润、润湿 wetting

液体对固体的亲和性。两者间的接触角越小，固体表面就越容易被液体湿润。

11. 干燥 dry

通过蒸发、吸收，使溶剂或分散介质减少，以改变被粘物上胶黏剂物理状态的过程。

12. 胶接、粘接 bond

用胶黏剂将被粘物表面连接在一起。

13. 固化 curing

胶黏剂通过化学反应（聚合、交联等）获得并提高胶接强度等性能的过程。

14. 硬化 setting

胶黏剂通过化学反应或物理作用（如聚合反应、氧化反应、凝胶化作用、水合作用、冷却、蒸发等），获得并提高胶接强度等性能的过程。

15. 交联 cross-linking

在分子间形成化学键，产生三维网络结构的过程。

16. 胶层 adhesive layer

胶接件中的胶黏剂层。

17. 分层 delamination

在层压制品中,由胶黏剂、被粘物或其界面破坏所引起的层间分离现象。

18. 溢胶 squeeze out

对装配件加压后,从胶层中挤出的多余胶黏剂。

19. 固化度 degree of cure

胶黏剂固化时所表征的化学反应程度。

20. 老化 ageing

胶接件的性能随时间发生变化的现象。

# 附录B 粘接技术中常用英语缩写

| | | | |
|---|---|---|---|
| AAE | 丙烯酸-乙烯共聚物 | BD | 1,4-丁二醇、丁二烯双环氧 |
| AAM | 丙烯酰胺 | BDDE | 1,4-丁二醇缩水甘油醚 |
| AAS | 丙烯腈-丙烯酸酯-苯乙烯共聚物 | BDMA | 苯基二甲胺 |
| ABFA | 偶氮二甲酰胺 | BEE | 苯偶姻乙醚 |
| ABR | 丙烯酸酯-丁二烯橡胶 | BFK | 硼纤维增强塑料 |
| ABS | 丙烯腈-丁二烯-苯乙烯共聚物 | BGE | 丁基缩水甘油醚(501稀释剂) |
| ABVN | 偶氮二异庚腈 | BHT | 2,6-二叔丁基对甲酚(264) |
| AC | 醛胺缩合物 | BHR | 溴化丁基橡胶 |
| ACM | 丙烯酸酯橡胶 | Bis A | 双酚 A |
| ACR | 丙烯酸-甲基丙烯酸共聚物 | Bis F | 双酚 F |
| AEP | N-氨乙基哌嗪 | Bis S | 双酚 S |
| AF | 苯胺甲醛树脂、黏附破坏 | BMA | 甲基丙烯酸丁酯 |
| AFMU | 亚硝基橡胶 | BN | 安息香 |
| AGE | 烯丙基缩水甘油醚(500稀释剂) | BOPET | 双向拉伸聚酯薄膜 |
| AH | 芳烃 | BOPP | 双向拉伸聚丙烯 |
| Al | 聚酰胺、酰亚胺 | BP | 聚丁二烯橡胶、二苯酮 |
| AIBN | 偶氮二异丁腈 | B. P. | 英国专利 |
| AN | 丙烯腈 | B-PE | 支化聚乙烯 |
| ANM | 丙烯腈-丙烯酸酯共聚弹性体 | BPF | 双酚 F |
| ANSI | 美国国家标准研究所 | BPO/DMA | 过氧化苯甲酰/二甲基苯胺 |
| AO | 抗氧剂或防老剂 | Bz | 苯 |
| AP | 乙烯-丙烯共聚弹性体 | C | 胶接、黏合 |
| APP | 无规聚丙烯 | CA | 醋酸纤维素 |
| APR | 芳烃石油树脂 | CAA | 铬酸阳极化 |
| APS | 氨基丙基三乙氧基烷(KH-550)、过硫酸铵 | CAB | 醋酸丁酸纤维素 |
| A-PVA | 无规聚乙烯醇 | CAM | 醋酸甲基丙烯酸纤维素 |
| AS | 丙烯腈-苯乙烯共聚物、澳大利亚标准 | CAP | 氯化无规聚丙烯、醋酸丙酸纤维素 |
| ASC | 胶黏剂与密封剂委员会 | CAR | 碳纤维 |
| ATO | 三氧化二锑 | Cat | 催化剂 |
| B2000 | 聚丁二醇 | CB | 化学黏合、槽法炭黑 |
| BA | 丙烯酸丁酯 | CBA | 化学发泡剂 |
| BDCY | 双酚 A 氰酸酯 | CC | 化学成分 |

续上表

| CAE | α-氰基丙烯酸酯 | CLP | 交联聚乙烯 |
|---|---|---|---|
| CE | 纤维素塑料 | CM | 氯化聚乙烯 |
| CEC | 氰乙基纤维素 | CMC | 羧甲基纤维素 |
| CED | 内聚能密度 | CMHEC | 羧甲基羟乙基纤维素 |
| GEM | 聚三氟氯乙烯 | CMS | 羧甲基淀粉 |
| CEVA | 氯化 EVA | CN(C/N) | 硝酸纤维素 |
| CFM | 聚三氟氯乙烯 | CNE | α-氰基丙烯酸乙酯 |
| CFRP | 碳纤维增强塑料 | CNIB | α-氰基丙烯酸异丁酯 |
| CRP | 碳纤维增强塑料 | CNM | α-氰基丙烯酸甲酯 |
| CS | 酪酝、烧碱、玉米淀粉 | CNR | 氯化橡胶、泡沫氯丁橡胶 |
| CSA | 铬硫酸、加拿大标准 | CO | 聚表氯醇 |
| CSM | 氯磺化聚乙烯 | CP | 聚氯丁二烯、丙酸纤维素 |
| CSN | 捷克国家标准 | CPE | 氯化聚乙烯 |
| CT | 四氯化碳、三醋酸纤维素 | CPP | 氯化聚丙烯 |
| CTA | 三醋酸纤维素 | CPPD | 防老剂 4010 |
| CTB | 液体丁腈橡胶 | CPTA | 环戊四酸二酐 |
| CTBN | 端羧基液体丁腈橡胶 | CPVC | 氯化聚氯乙烯 |
| CTE | 热膨胀系数 | CR | 氯丁橡胶 |
| CTFE | 聚三氟氯乙烯 | DHP | 邻苯二甲酸二庚酯 |
| CTI | 环己烷三异氰酸酯 | DHXP | 邻苯二甲酸二己酯 |
| CTPB | 端羧基液体聚丁二烯橡胶 | DIBK | 二异丁基酮 |
| CX | 环己烷 | DIBP | 邻苯二甲酸二异丁酯 |
| DAA | 二丙酮醇 | DICY | 双氰胺 |
| DA1P | 间苯二甲酸二烯丙酯树脂 | DIDA | 己二酸二异癸酯 |
| DAM | 顺丁烯二酸二烯丙酯 | DIDP | 邻苯二甲酸二异癸酯 |
| DAP | 邻苯二甲酸二烯丙酯 | DIN | 德国标准 |
| DATBP | 四溴邻苯二甲酸二烯丙酯 | DINP | 邻苯二甲酸二异壬酯 |
| DB | 二乙烯基苯 | DIO | 二氧六环 |
| DBAPA | 二丁氨基苯胺 | DIOA | 己二酸二异辛酯 |
| DBDPO | 十溴二苯醚 | DIOP | 邻苯二甲酸二异辛酯 |
| CH() | 碳水化合物 | DBP | 邻苯二甲酸二丁酯 |
| CHONE | 环己酮 | DBTDL | 二月桂酸二丁基锡 |
| CHP | 异丙苯过氧化氢 | DBU | 二环咪 |
| CHR | 氯醚(醇)橡胶 | DCA | 双氰胺 |
| CHX | 环己烷 | DCE | 二氯乙烷 |
| CIP | 氯化等规聚丙烯 | DCHP | 邻苯二甲酸二环己酯 |
| CIIR | 氯化丁基橡胶 | DCM | 二氯甲烷 |

续上表

| DCPD | 过氧化二碳酸二环已酯 | DOZ | 壬二酸二辛酯 |
|---|---|---|---|
| DDM | 二氨基二苯甲烷 | DPA | 二苯胺 |
| DDP | 邻苯二甲酸二癸酯 | DPCF | 磷酸二苯基甲苯酯 |
| DDS | 二氨基二苯砜 | DPG | 二苯胍 |
| DEAPA | 二乙氨基丙胺 | DPP | 邻苯二甲酸二苯酯、二酚基丙烷 |
| DEF | 二乙基甲酰胺 | DPPD | 防老剂 H |
| DEG | 二甘醇 | DPT | N，N-二亚硝基五次甲基四胺、发泡剂 H |
| DEP | 邻苯二甲酸二乙酯 | DPCF | 磷酸二苯基甲苯酯 |
| DETA | 二乙烯三胺 | E | 乙烯 |
| DETU | 二乙烯基硫脲 | EA | 丙烯酸乙酯、醋酸乙酯 |
| DGE | 二缩水甘油醚(600 稀释剂) | EAA | 乙烯-丙烯酸共聚物 |
| DGEBA | 双酚 A 二缩水甘油醚 | EAM | 乙烯-醋酸乙烯共聚弹性体 |
| DTA | 二乙烯三胺、差热分析法 | EC | 乙基纤维素 |
| DTBP | 二叔丁基过氧化物 | ECH | 环氧氯丙烷 |
| DV | 直接硫化 | ECO | 氯醇橡胶 |
| DVB | 二乙烯基苯 | EV | 环氧值 |
| DVP | 二乙烯系聚合物 | EVA | 乙烯-醋酸乙烯共聚物 |
| DIOS | 癸二酸异辛酯 | ECTFE | 乙烯-三氟乙烯共聚物 |
| DIOZ | 壬二酸二异辛酯 | EDA | 乙二胺 |
| DIPP | 邻苯二甲酸二异戊酯 | EDC | 二氯乙烷、二氯乙烯 |
| DM | 二硫化二苯并噻唑 | EEA | 乙烯-丙烯酸乙酯共聚物 |
| DMA | N,N-二甲基乙酰胺 | EEW | 环氧当量 |
| DMAPA | 二甲氨基丙胺 | EG | 乙二醇 |
| DMBPH | 过氧化叔丁基已烷 | EGA | 乙二醇醋酸酯 |
| DMF | N,N-二甲基甲酰胺 | EGDA | 二丙烯酸乙二醇酯 |
| DMP | 邻苯二甲酸二甲酯 | EGDE | 乙二醇二缩水甘油醚(512 稀释剂) |
| DMP-10 | 2-二甲氨基甲基苯酚 | EGDMA | 双甲基丙烯酸乙二醇酯 |
| DMPDA | N,N-二甲基对苯二胺 | 2-EHA | 丙烯酸-2-乙基已酯 |
| DMT | 对苯二甲酸二甲酯 | EHDP | 磷酸二苯基-2-乙基已酯 |
| DNA | 已二酸二壬酯 | EHP | 过氧化二碳酸二(2-乙基已基)酯 |
| DNOP | 邻苯二甲酸二正辛酯 | 2-EI | 2-乙基咪唑 |
| DNP | 邻苯二甲酸二壬酯 | EO | 环氧乙烷 |
| DNPD | 防老剂 DNP | EP | 环氧树脂 |
| DO | 二氧六环 | E/P | 乙烯-丙烯共聚物 |
| DODP | 邻苯二甲酸二辛基癸酯 | EPDM | 三元乙丙橡胶 |
| DOS | 癸二酸二辛酯 | EPI | 环氧氯丙烷 |
| DOTP | 对苯二甲酸二辛酯 | EPM | 二元乙丙橡胶 |

续上表

| EPR | 乙丙橡胶 | GR-S | 丁苯橡胶 |
|---|---|---|---|
| EPS | 可发性聚苯乙烯 | GTT | 玻璃化转变温度 |
| EPT | 乙烯-丙烯-二烯共聚弹性体 | GUP | 玻璃纤维增强不饱和聚酯树脂 |
| E-PVC | 乳液法聚氯乙烯(糊树脂) | H | 六亚甲基四胺 |
| ET | 高温 | HDA | 己二胺 |
| ETA | 乙醇胺 | HDI | 六亚甲基二异氰酸酯 |
| ETBN | 端环氧基液体丁腈橡胶 | HDPE | 高密度聚乙烯 |
| ETFE | 乙烯-四氟乙烯共聚物 | HDT | 热变形温度 |
| ETU | 乙烯基硫脲 | HEA | 丙烯酸-2羟乙酯 |
| EVAL | 乙烯-醋酸乙烯-乙烯醇共聚物 | HEC | 羟乙基纤维素 |
| FDA | 食品及药物管理局(美国) | HEMA | 甲基丙烯酸-2-羟乙酯 |
| FE | 含氟弹性体 | HET | 氯茵酸酐 |
| FF | 呋喃甲醛树脂 | HHPA | 六氢苯酐 |
| FGA | 第一代丙烯酸酯胶黏剂 | HIPS | 高冲击聚苯乙烯 |
| FGR | 玻璃纤维增强塑料 | HMA | 热熔胶黏剂 |
| FKM | 氟橡胶 | HMDI | 氢化二苯甲烷二异氰酸酯 |
| FPM | 氟橡胶-26 | HMHDPE | 高相对分子质量高密度聚乙烯 |
| FPVC | 柔性聚氯乙烯薄膜 | HMP | 六甲基磷酰三胺 |
| FR | 阻燃剂 | HMPS | 热熔压敏胶 |
| F. P. | 法国专利 | HMTA | 六亚甲基四胺 |
| FRP | 纤维增强塑料 | HMW | 高相对分子质量 |
| FSI | 氟硅弹性体 | HMWPE | 超高相对分子质量聚乙烯 |
| FVMQ | 氟硅橡胶 | HNP | 高腈聚合物 |
| GB | 中国国家标准 | HNR | 氢化天然橡胶 |
| GB/T | 中国国家推荐标准 | HP | 高聚物 |
| GDE | 乙二醇二甲醚 | HPA | 丙烯酸-2-羟丙酯 |
| GEP | 玻璃纤维增强环氧树脂 | HPC | 羟丙基纤维素 |
| GF | 玻璃纤维 | HPO | 过氧化氢 |
| GFRP | 玻璃纤维增强塑料 | HS | 高苯乙烯橡胶 |
| GMA | 甲基丙烯酸缩水甘油酯 | HTA | 高温胶黏剂 |
| GPPS | 通用聚苯乙烯 | HTBA | 高温发泡剂 |
| GPR | 通用橡胶 | HTBN | 端羟基液体丁腈橡胶 |
| GPS | 通用聚苯乙烯 | HTE | 端羟基聚醚 |
| GREP | 环氧玻璃钢 | HTPB | 端羟基液体聚丁二烯橡胶 |
| GR-M | 氯丁橡胶 | HTS | 高温强度 |
| GR-N | 丁腈橡胶 | HTV | 高温硫化 |
| GR-P | 聚硫橡胶 | HA | 环烷酸 |

续上表

| HAC | 冰醋(乙)酸 | MWD | 相对分子质量分布 |
|---|---|---|---|
| HBI | 氢键结合指数 | MX | 间二甲苯 |
| FR | 发泡阻燃剂 | MXDA | (间)苯二甲胺 |
| IFT | 界面张力 | MBS | 甲基丙烯酸甲酯-丁二烯-苯乙烯共聚物 |
| IIR | 丁基橡胶 | MC | 甲基纤维素 |
| IIRL | 丁基胶乳 | MCB | 氯苯 |
| IM | 聚异丁烯 | MDEA | 甲基二乙醇胺 |
| IMDA | 咪唑 | MDPE | 中密度聚乙烯 |
| IMW | 中等相对分子质量 | ME | 甲基丙烯酸环氧树脂 |
| IPN | 互穿聚合物网络 | MEA | 一乙醇胺 |
| IPP | 二异丙基过氧化二碳酸酯 | MEK | 甲乙酮(丁酮) |
| IPS | 等规聚苯乙烯 | MEKP | 甲乙酮过氧化物 |
| IR | 异戊橡胶、红外线 | MF | 三聚氰胺甲醛树脂 |
| ISO | 国际标准化组织 | MFT | 最低成膜温度 |
| KFK | 碳纤维增强塑料 | MI | 云母、熔体指数 |
| KME | 过氧化甲乙酮 | 2-MI | 2-甲基咪唑 |
| KPS | 过硫酸钾 | NBR | 丁腈橡胶 |
| LCP | 液晶聚合物 | NC | 硝酸纤维素 |
| LCR | 液体氯丁橡胶 | NCF | 合成皮革 |
| LDPE | 低密度聚乙烯 | NCR | 氰基氯丁橡胶 |
| LLDPE | 线型低密度聚乙烯 | NDPA | N-亚硝基二苯胺 |
| LMP | 低聚物 | NDT | 非破坏性试验 |
| LMW | 低相对分子质量 | NF | 法国标准 |
| LNBR | 液体丁腈橡胶 | NMR | 核磁共振 |
| LPE | 线型聚乙烯 | NR | 天然橡胶 |
| LPO | 过氧化二月桂酰、引发剂 B | NS | 切口强度、挪威标准 |
| LTV | 低温硫化 | ODBB | 邻二溴苯 |
| MAC | 最高容许浓度 | OG | 有机玻璃 |
| MAL | 甲醇 | OHV | 羟值 |
| MAN | 甲基丙烯腈 | O1 | 氧指数 |
| MMA | 甲基丙烯酸甲酯 | OMC | 氧化微晶蜡 |
| MPDA | 间苯二胺 | OMS | 无臭石油溶剂 |
| MPO | 改性聚苯醚 | OPP | 定向聚丙烯薄膜 |
| MQ | 二甲基硅橡胶 | OPS | 定向聚苯乙烯薄膜 |
| MTBE | 甲基叔丁基醚 | OP VC | 定向聚氯乙烯 |
| MTBN | 端巯基液体丁腈橡胶 | OSHA | 美国职业安全和保健管理局 |
| MW | 相对分子质量 | OTD | 邻甲苯二胺 |

续上表

| OX | 草酸 | POM | 聚甲醛 |
|---|---|---|---|
| OZ | 臭氧 | PP | 聚丙烯 |
| PA | 聚酰胺、苯酐 | PPA | 聚苯乙炔 |
| PAA | 聚丙烯酸、磷酸阳极化 | PPD | 六氢吡啶、对苯二胺 |
| PAR | 聚芳酯 | PPE | 聚苯醚 |
| PARA | 聚芳酰胺 | PPG | 聚丙二醇 |
| PB | 聚丁二烯 | PPO | 聚氧化丙烯、聚苯醚 |
| PBAN | T二烯-丙烯腈共聚物 | PQ | 苯基硅橡胶 |
| PBR | 聚丁二烯橡胶、丁吡橡胶 | PS | 聚苯乙烯 |
| PC | 聚碳酸酯 | PSA | 压敏胶黏剂 |
| PCB | 多氯联苯 | PSAN | 苯乙烯-丙烯腈共聚物 |
| PCE | 四氯乙烯 | PSB | 苯乙烯-丁二烯共聚物 |
| PCR | 聚氯丁二烯 | PSBRL | 丁苯吡胶乳 |
| PD | 对苯二胺 | PTFE | 聚四氟乙烯 |
| P. D | 聚合度 | PTMO | 聚四氢呋喃 |
| PDAP | 聚邻苯二甲酸二烯丙酯 | PTR | 聚硫橡胶 |
| PDMS | 聚二甲基硅氧烷 | PU | 聚氨酯 |
| PDPO | 聚二苯醚 | PVA | 聚乙烯醇 |
| PE | 聚乙烯 | PVAL | 聚乙烯醇 |
| PEK | 聚丙烯酸乙酯 | PVB | 聚乙烯醇缩丁醛 |
| PEC | 氯化聚乙烯 | PVC | 聚氯乙烯 |
| PED | 氰化聚乙烯 | PVDC | 聚偏氯乙烯 |
| PEG | 聚乙二醇 | PVDF | 聚偏氟乙烯 |
| PEHA | 五乙烯六胺 | PVF | 聚氟乙烯 |
| PEK | 聚苯醚酮 | PVFM | 聚乙烯醇缩甲醛 |
| PF | 酚醛树脂 | PVI | 聚乙烯基异丁基醚 |
| PFEP | 四氟乙烯-六氟丙烯共聚物 | PVM | 聚乙烯醇缩甲醛 |
| PFR | 苯酚呋喃树脂 | PVMQ | 甲基丙烯基硅橡胶 |
| PGC | 热解气体色谱法 | PX | 聚对二甲苯 |
| PGE | 苯基缩水甘油醚(690稀释剂) | PY | 不饱和聚酯树脂 |
| PI | 聚酰亚胺、聚异戊二烯 | RF | 间苯二酚甲醛树脂 |
| PIB | 聚异丁烯 | RH | 相对湿度 |
| PK | 聚酮 | RP | 增强塑料 |
| PN | 波兰国家标准 | RP/C | 增强塑料/复合材料 |
| PNA | 苯基-β-萘胺 | RT | 室温 |
| PO | 聚烯烃、环氧丙烷 | RTV | 室温硫化 |
| POE | 聚氧化乙烯 | RVCM | 残留的氯乙烯单体 |

续上表

| S | 苯乙烯 | TEP | 磷酸三乙酯 |
|---|---|---|---|
| SA | 癸二酸、表面积 | TEPA | 四乙烯五胺 |
| SAA | 表面活性剂、丁二酸酐 | TETA | 三乙烯四胺 |
| SAN | 苯乙烯-丙烯腈共聚物 | TFCE | 三氟氯乙烯 |
| SB | 苯乙烯-丁二烯共聚物 | TFE | 四氟乙烯 |
| SBR | 丁苯橡胶 | TGA | 第3代丙烯酸酯胶黏剂 |
| SBRL | 丁苯胶乳 | THF | 四氢呋喃 |
| SEM | 扫描电子显微镜 | THPA | 四氢邻苯二甲酸酐 |
| SGA | 第2代丙烯酸酯胶黏剂 | TID | 起始分解温度 |
| SI | 有机硅树脂 | TLCP | 热致液晶高分子 |
| SLS | 十二烷基硫酸钠 | TLV | 容许浓度 |
| SM | 苯乙烯单体 | TM | 聚硫橡胶 |
| SP | 溶解度参数 | TNNP | 防老剂 TNP |
| SPM | 表面等离子显微术 | TOL | 甲苯 |
| SPS | 间规聚苯乙烯 | TPE | 热塑性弹性体 |
| SPVC | 悬浮法聚氯乙烯 | TPO | 烯烃热塑性弹性体 |
| SR | 硅橡胶、苯乙烯橡胶 | TPR | 热塑性橡胶 |
| STP | 三聚磷酸钠 | TPUR | 热塑性聚氨酯橡胶 |
| TA | 三醋酸纤维素 | TSC | 总固含量 |
| TAPI | 磷酸二烯丙酯 | TTS | 钛酸酯偶联剂 |
| TBB | 四溴丁烷 | UF | 脲醛树脂 |
| TBH | 工业级六氯苯 | UHMPE | 超高相对分子质量聚乙烯 |
| TBS | 四溴双酚 A | UP | 不饱和聚酯树脂 |
| TBT | 钛酸丁酯 | UPVC | 未增塑聚氯乙烯 |
| TCA | 三氯醋酸 | VAc | 醋酸乙烯 |
| TCE | 三氯乙烯 | VAE | 醋酸乙烯-乙烯共聚乳液 |
| TCEP | 磷酸三氯乙基酯 | VC | 氯乙烯 |
| TCP | 磷酸三甲苯(酚)酯 | VCM | 氯乙烯单体 |
| TCPA | 四氯邻苯二甲酸酐 | VC/VAc | 氯乙烯-醋酸乙烯共聚物 |
| TDA | 差热分析 | VCR | 聚氯乙烯橡胶 |
| TDI | 甲苯二异氰酸酯 | VDC | 偏氯乙烯 |
| TE | 热塑性弹性体 | VMQ | 甲基乙烯基硅橡胶 |
| TEA | 三乙胺 | VOC | 挥发性有机化合物 |
| TEG | 三甘醇 | VPU | 乙烯基聚氨酯 |
| TEO A | 三乙醇胺 | WPE | 环氧当量 |
| TEOS | 正硅酸乙酯 | XF | 二甲苯甲醛树脂 |

续上表

| XLPE | 交联聚乙烯 | XSBR | 羧基丁苯橡胶 |
|---|---|---|---|
| XNBR | 羧基丁腈橡胶 | XSBRL | 羧基丁苯胶乳 |
| XNBRL | 羧基丁腈胶乳 | ZB | 硼酸锌 |
| XPS | 发泡聚苯乙烯 | | |